私は人との出会いに本当に恵まれていると思います。私の中のどこかに、美の価値に対して厳しい目を持つアートディレクターに憧れる気持ちがあったのでしょう。そうしたクリエイターたちと議論をしたり、何かをつくり出したりする時間の中には、常に緊張感みたいなものがありました。

私はそれを「感覚のキャッチボール」と呼んでいるんです。彼らが投げてくるボールをどう受け止めて返すか。できることなら「こいつ、なかなかやるな」と思われるような球を返したい。そのために、自分なりのインプットをずっと続けてきた気がします。

素晴らしいクリエイターたちと人生で出会えたことは、もう感謝としか言いようがない。お互いに心からわかりあって、一緒にものをつくることができる関係というのは何にも代えがたいことです。価値観が共有できる人と何かを生み出すということ。それが私にとっていちばん楽しいことであり、生活の基本なんです。

アーツ千代田3331の仕事場にて。
資料と書籍のアーカイブ作業に新しい棚を準備する。

目次

鍬と聖書が育んだ情緒 9
才気あふれるクリエイターたちと 23
衣服と美術、ものづくりの現場で 41
日本の社会で女性として生きるということ 77
はじまりの種をみつける 93
のこす言葉 112
略歴 113

小池一子——はじまりの種をみつける

鍬と聖書が育んだ情緒

二つの家庭と恵泉女学園での生活

私は教育学者だった父・矢川徳光《とくみつ》の家で、五人姉妹の四番目の子どもとして生まれました。私たち家族は世田谷区新町《しんまち》の同潤会住宅で暮らしていたんですけれど、母方の祖父が目白で医院を営んでいて、その近くに母方の親族が暮らしていたことから、よくそちらにも遊びに行っていました。

母の姉にあたる伯母・元子の夫・小池四郎はクララ社という出版社を興した人でし

七五三のお祝い。カメラ好きの
父・矢川徳光による一枚。

1945年、疎開先の静岡・函南で。左から矢川民子、徳光、小池四郎、一子、元子。
後ろにいるのは祖母・大塚光子。

た。洋裁が得意だった伯母は、伯父とクララ洋裁学院を設立し、そこで洋裁を教えていました。

私たち姉妹は伯父夫婦からとても可愛がられていて、とくに私は愛情をかけてもらっていました。小さな頃から伯父の家を継ぐことが決まっていたんですね。伯父夫婦には子どもがいなかったので、母と伯母は早くからそんな話をしていたようでした。7歳の誕生日、矢川の父から書斎に呼ばれ、「おじちゃん、おばちゃんから小池の子どもになってくださいと言われたけれど、どうする？」と聞かれました。

そんなことから小学生になる頃には、矢川の家と小池の家のどちらで過ごしてもいいという雰囲気で、双方を行ったり来たりして、二つの生活を楽しんでいました。幼稚園も新町の世田谷幼稚園と、目白の平和幼稚園と二股かけて通っていたんです。落ち着かない生活よね（笑）。ところが、戦争が始まってしまうんです。それで私は正式に小池の家の養女となって、一家で静岡県の函南《かんなみ》に疎開することになり、戦中を函南で暮らしました。戦後すぐに父・四郎は風邪から肺炎を患って急逝してしまいます。母は父が遺した伊東の家に移り、それからは母娘の生活が始まりました。その後、目白のクララ洋裁学院の跡地に戻ります。復活した家にはいつも洋裁の内弟子さんがいて、家事のお手伝いや私の世話をしてくれていたんです。いちばん長くいてくれた人は、母の最期も看取ってくれて……。その人がいてくれたから、私はずっと仕事ができたのだなと思っています。

母は根っから明るい人で、悩んだり、嫌な顔を見せたりすることがまったくありませんでした。父が亡くなったときは、さすがに何ヶ月も落ち込んでいましたけれど。私が何をしようが笑って受け止めてくれる太陽のような稀有な明るさを持つ人でした。

大学時代の私は学生演劇に夢中になっていて、家に帰らないか、大勢の人を家に連れてきてご飯を食べるような毎日だったんです。そういうことも、母は普通に受け止めてくれました。私が早くに結婚しても、その後に離婚しても、嫌みのひとつも言わなかったですね。

小池の父はリベラリストで、衆議院議員を二期務めながら出版社をつくるなど、家の中でも外でもボスという存在。当時の男性にしては珍しく「女性も仕事を持つべきだ」という考え方の人でした。そういう意味では、一般的な家庭とは少し違っていたかもしれません。

私の世代は小学校で終戦を迎えたので、教育環境はゼロから始まったと言っても過言ではないんです。昨日まで使ってきた教科書が終戦を迎えた途端に、「これは間違った教えだった」と一変してしまった。私たちは墨をすって、教科書を塗りつぶしました。先生が泣いてしまうくらいでしたから、相当辛い経験です。

そんな経験をしたことで、子どもの頃から心のどこかに、「大人は一体これまで何をしてきたのだろう」という不信感が芽生えていたんだと思います。でもその一方では、「これからは何をやっても大丈夫そうだ」という未来への期待のようなものもありました。

義務教育も一から立て直しになって、公立中学校の教育がこれからどうなるかわからないからと、母の希望で、私立の恵泉女学園に中学から入学します。

恵泉は、第一次世界大戦を経験した河井道《みち》というクリスチャンの女性がつくった学校なんです。情操教育に力を入れていて、学校生活の軸は園芸と聖書でした。

キリスト教のミッションスクールというと、普通ちょっと華やかなお嬢様学校をイメージするでしょう？　でも私たちの学校は花や野菜を育てることから祈りが始まるという校風でした。だから、肥料として使う肥だめづくりから一通り経験しました。右手に聖書、左手に鍬という感じの学園生活です。当時、学校があった世田谷の経堂《きょうどう》から千歳船橋にかけては一面野原が広がっていて、園芸にはもってこいの場所だったんです。

学園生活では楽しい行事がいっぱいありました。イースターやクリスマス、五月には花を愛でるメイフラワーデーなども。賛美歌は日常的に歌いますから、音楽はいつも身近な存在でした。

本館の校舎は古い日本家屋で、庭があってね。ちょうど毎日新聞が音楽コンクールを開催するようになった頃で、賞に入賞するような優秀なピアニスト、遠山慶子さんなどがクラスにいて、校内のピアノで練習したりするんです。いまでも日本家屋からショパンなどの音楽が流れている絵が音とともに浮かんできます。

いま思うと、聖書の教育は西欧文化の入り口を学ぶ意味がありました。ヨーロッパの古い美術を見るとき、子どもの頃に聖書を学んでおいてよかったなと思うことがよくあります。そういう意味では、自然な形で西欧文化の教育を受けていたわけで、恵泉時代の経験はその後の人生に大きく影響していると感じます。

舞台表現に魅せられて

私は小さい頃から学芸会が好きだった。祖母が、とても芸事が好きだったこともあって。戦後も伊東で教会の日曜学校に通っていたんだけれ

恵泉女学園高校二年の小池（前列左）。フランス留学のため旅立つ級友、ピアニスト遠山慶子（後列中央）を旧羽田空港で見送る。

ど、米軍が押収していた川奈ホテルに教会が慰問に出かけて、そこでクリスマスページェントを上演したんです。それが演劇との出合いでした。歌とキリスト誕生の物語が結びついて、音楽も素晴らしくて印象的でした。

それから恵泉に入学して、6年間キリスト教に則った女子教育を受けるうちに、だんだん演劇への興味が高まっていきました。

1954年、早稲田大学に入学した頃。母・元子と。

女子だけではどうしても表現に限界があるからと、高校生のときには、明治学院高等学校の演劇サークルと合同で芝居をするようになりました。その中に優秀な生徒がいて、彼が早稲田大学の演劇科に進学するというので、誘われて、自分も早稲田に行こうと思いました。

もともと勉強したかったのは演劇

か建築だったんだけれど、建築科は数学が得意じゃなかったから難しいかなと思って、第一文学部と第二文学部（夜間部）の演劇科を受験しました。演劇以外は考えられなかったから、ほかの学部は受けませんでした。

いま振り返るとかなり生意気だったんだけれど、その頃の私は世界を捉えるには演劇という表現がいちばんいいと思っていたんです。美術もいいかなと少しだけ迷ったんだけれど、やっぱり言葉によってつくり上げる演劇の世界の方に魅力を感じました。

念願叶って早稲田に進学するわけだけれど、もう、頭をハンマーで殴られたみたいな衝撃で。私はそれまで東京の人しか知らなかったでしょう。ところが、大学には全国から優秀な学生が集まっていて、演劇の神髄みたいなことまで理解しようとしている文学青年たちが大勢いて、すごくショックを受けました。

同級生といっても、何年も浪人して入ってきた年上の学生もいるのよ。そういう人たちを見て、偉いなと思いました。私なんて「何も知らない東京のお嬢さん」という目で見られていて、馬鹿にされながらもくっついて行ったのがよかったんだと思うんですね。

同じ学科に、岩手県渋民《しぶたみ》村出身の秋浜悟史《さとし》という学生がいて、彼が書いた脚本をもとにみんなで舞台をつくりました。いわゆる学生劇団ですよね。彼は啄木や賢治という東北出身の作家の再来みたいな人でした。ほかにはチェーホフとかゴーリキーとか社会主義の作家の芝居もよく上演しました。

とくに印象深かった作品はチェーホフの「桜の園」かな。私は演出助手をしていたんだけれど、役をちょっと手伝ってなんて言われることもあって、そういうときは女中役とか乳母役を演じていたの（笑）。それが、面白くて。ヒロインを支える立場っていいなと思った記憶があります。主演女優がメンタルで疲れてしまって降板したときには、主役をとらされたこともありました。

大学の同級生は勉強家ばかりで、とにかく誰でもやりたいことができるという校風でした。創作劇をつくる仲間との出会いは、いま振り返っても大きな出来事だったと思います。演劇を通して、知的な表現には限度がないことを学びましたし、後に関わるようになった現代美術についても、このときの経験が基盤になっているような気が

学生劇団「自由舞台」に所属し、早稲田在学中は演劇活動に没頭していた。
上・地方公演で劇団仲間との一枚。中列右から三人目が小池。
下・演出助手のかたわら役者として舞台に出ることも（左）。

します。現代における表現を知るうえで、創作劇から入ったということが、自分の人生に大きな影響を与えたと思います。

その頃の演劇人って、いつも一緒にいるし、四六時中、演劇のことばかり考えている。いま思うと、よく卒業できたなと思いますよ（笑）。

並行して、二期会の声楽家の先生に歌を習っていたんですね。先生には卒業しても続けなさいと勧められていたから、いま思うと、オペラ歌手の道に進むのもよかったかもしれないわね（笑）。

卒業するとき、私にはどこかの会社に就職するという考えがまったく浮かびませんでした。劇団に入る人も多かったんだけれど、その頃の劇団というと、文学座と俳優座と民藝の三つしかなくて、そういうところに入るのも何か違うなと感じて、ぐずぐずと迷っていたのね。組織に入ることに対して、すごく臆病だったんです。

秋浜悟史は岩波映画に入りましたね。テレビはまだ黎明期で、どんな方向に発展するのか見えない時代でしたけれど、民放に就職した学生もいました。民藝に入った渡辺浩子という仲間は演出家になって、フランスに留学して、いち早くベケットを日本に導入しました。

自分は組織に向いていないと思っていたから、それなら私ひとりでやれることをやろうかなと考えて、途中から英文科に編入したんです。一度は英語教師をするのもいいかなと思っていたんだけれど、そんな頃に結婚が決まって。夫は大学の先輩で、フリーのジャーナリストを志しながら、小さな新聞社に勤めていました。

同じ頃、最初の私の師であるグラフィックデザイナーの堀内誠一さんと出会います。そこから、私の仕事人生が始まっていくわけです。

才気あふれるクリエイターたちと

ビジュアルコミュニケーションという表現

私の姉（作家、翻訳家の矢川澄子《すみこ》）と堀内誠一さん夫人の路子《みちこ》さんがとても親しくしていたことから、「家に遊びに来ませんか」と誘われました。ある日訪ねていったら、堀内さんから「明日から来ないか」と言われて、いきなり翌日からスタジオで働くことになって。それがアド・センターです。

アド・センターは、戦後に海軍から戻り、出版業に着手した起業家の鳥居達也さんが設立した会社で、伊勢丹百貨店で装飾デザインを手がけていた堀内さんをアートディレクターに迎えていました。いまのクリエイティブスタジオの走りのようなインディペンデントな会社です。

広告や雑誌の企画、デザイン、編集などを行っていて、平凡出版（現・マガジンハウス）の仕事なども制作していました。私はそこで堀内さんの秘書として働くことになるんです。

ここがクレイジーなスタジオ

堀内誠一がアートディレクションを務めた『週刊平凡』「ウィークリー・ファッション」（平凡出版、現・マガジンハウス）の企画・テキストを担当。宮沢賢治作に基づく「クリスマスの夜のゴーシュ」（1960年12月28日号）では、ミッキー・カーチスがゴーシュに扮した。

撮影：立木義浩

だった（笑）。まだクリエイターという表現もなかった時代だったけれど、才能あふれる人たちがたくさん集まって仕事をしていて、24時間稼働していました。

雑誌『週刊平凡』の「ウィークリー・ファッション」というコーナーを担当していたから、毎週ファッションページを何ページもつくるんです。夜まで撮影をし、夜中に平凡出版に原稿を持っていったりして、私もほとんどスタジオに泊まり込みの

『平凡パンチデラックス』1968年3月号（平凡出版、現・マガジンハウス）ではロンドンでビートルズの「アップル・ブティック」専属デザイナーであった「The Fool」を取材。
撮影：与田弘志

ような生活。家に帰るのはいつも明け方で、ちょっと寝てまた出勤するというような暮らしぶりだったから、結局、結婚生活は解消することになります。

この頃のクリエイターはリベラルな人が多くて、夕方になると、デザインスタジオからデモに参加しに行ったりもしていました。熱い時代だったのよね。

それから、みんなジャズに熱狂していて、ジャズ喫茶にも入り浸っていました。当時は平均4時間くらいしか寝ていなかったと思います。

堀内さんが才能ある人だったから、とにかく訪ねてくるお客さんが面白いの。写真雑誌の編集長とか写真家とかイラストレーターとか。その影響もあって、働き始めた頃は堀内さんの秘書をしていたんだけれど、次第に、自分もビジュアルコミュニケーションの流れの中で仕事がしたいと思うようになりました。

私の子ども時代、家には重ったるい文学系の本しかなくて、社会に出て初めてビジュアルランゲージに出合ったので、とても新鮮に映ったのでした。

デザイン関係の物書きになろうかなと考え始めていたときに、たまたま久保田宣伝研究所（現・宣伝会議）のコピーライター養成講座の小さな広告を目にしました。いまではとても有名な講座ですけれど、当時はまだ設立されたばかりで、私は四期生でした。

広告のコピーライティングの仕事をするようになり、どんどん仕事が楽しくなっていくんです。コピーライターって、写真家やデザイナーと対等な立場で仕事ができるんですね。それが嬉しくて。一方で、より根源的なものの表現であるアートもずっと気になっていました。

そして、そろそろひとりでもやっていけるかなと思い、フリーになりました。アド・センターに在籍していたのは3年弱でした。

フリーになってからは東横百貨店（現・東急百貨店）のコピーライティングを手がけました。

思想の根というのは、企画そのものの周辺に張り巡らされていて、デザイナーや写真家と打ち合わせで話すうちに、コピーがフワッと出てきたりするんです。東横百貨店の仕事もまさにそうで、花嫁が角隠しを身につけた写真に「お母さま お世話になりました」というコピーをつけました。この仕事でTCCクラブ賞（1964年）をいただきます。

でもこの頃は、自分の仕事について誰にもわかってもらえなかったんです。こういう仕事で生きていけるんだということが、なかなか理解してもらえなかった。恵泉の同窓会に行っても、自分が携わっている仕事を説明する術がないのね。同級生は大学を卒業して、会社に勤めたり、最良の結婚を目指したりしていたから、ひとりで仕事をしているというのはどういうことなんだろうと思っていたんじゃないかしら。広告代理業というのもこの時代に始まったばかりでしたから、まだまだ世の中では理解されていなかったと思います。

興味あるものをジャグリング

私はいまだに、いくつもの物事（企画）をお手玉でジャグリングをしているような感じで生きています。それが性に合っているんでしょうね。

そういえば子どもの頃から、同時進行で行うのが好きだったかな。うちでおままごとをしているのに、お友だちの家に行ってそこの遊びに夢中になり、帰宅が夕食時間に間に合わなくなったこともありました。矢川の父はとても厳しい人だったので、そんなときは家に入れてもらえませんでした。食べながら横にいる姉とおしゃべりをしていると、食卓の方へ耳をぐーっと引っ張られたりもしました。

その頃の私たちは家では遊びらしい遊びをしていなくて、本を読んではよく感想文を書かされていたの。矢川の父は文学全集を揃えるのが好きだったから、私も芥川龍之介などをよく読んでいました。好きだったのは、『クオーレ』の「母をたずねて三千里」。岩波文庫に父がルビを振ってくれたのを読みました。

父は戦後の一時期、アメリカ占領軍の通訳の職を得て、手紙の検閲などをしながら家族を養っていたんです。でも共産主義者だったために、職を追われてしまって、しばらくは自宅の庭で畑仕事をして、晴耕雨読のような生活を送っていました。

家にある本は父の書き込みとルビで余白がないくらいページに文字がいっぱいだっ

たのね。そういった文字だらけの本の読書体験をしてきたから、もう文字だけの世界は嫌だなと思うようになったんです。それでビジュアルランゲージの世界に興味を持つようになったということです。

大人になってから、いろんな仕事をジャグリングしてしまうのも、落ち着いていたくなかったその頃の影響があるのかもしれません。たとえばここ1年にしても、佐賀町エキジビット・スペース（以下、佐賀町）での仕事を振り返る展覧会（「佐賀町エキジビット・スペース 1983-2000 現代美術の定点観測」展）の準備、これまでの仕事をまとめた書籍（『美術／中間子 小池一子の現場』）の編集作業、無印良品40周年にあたっての「MUJI IS」監修、2020年の開催予定が21年にかけての開催へと変更された「東京ビエンナーレ」の進行など、まさにジャグリング状態です。

60年代後半の仕事でも、東宝の若いプロデューサーたちから大学の演劇仲間、渡辺浩子さんが依頼されて、演出する「ファンタスティックス」の舞台に翻訳者として携

訳詞を担当したミュージカル「ファンタスティックス」(1969年)と「キャバレー」(1982年)のパンフレット。「キャバレー」の上演にあたっては企画編集を担当して時代考証など完璧を期した。

わることになったんです。この翻訳・演出の仕事は続いて、「キャバレー」も手がけることになります。彼女の家に泊まり込んだりして、懸命に取り組みました。

ミュージカルというのは、まず音楽に忠実であり、原語に忠実であり、さらには日本語としても美しくなければならないの。まるで三重苦ね。そういう世界の仕事をすると、頭の中はずっとその三つのことで占められてしまって、毎日ジャグリングしているような状態でした。

自分でも納得のいく仕事ができたん

だけれど、だからといって訳詞や演劇の翻訳家には徹しきれなかった。「ファンタスティックス」を終えたあと、訳詞を仕事として続けてみようかとも少し思ったんだけれど。

ちょうどその頃、安井かずみという作詞家、訳詞家と出会って、よく録音スタジオに遊びに行くようになったの。そうすると、彼女はスタジオの内でも外でも、ミュージシャンとどっぷり一緒で、その光景を見ているうちに、自分はこの現場には向かないかなと気づいて。

ものをつくる現場って、ミュージカルの現場や演劇の現場などいろいろあると思うんですけれど、私にとってはデザインやビジュアルアートとのコラボレーションの現場がいちばん楽しい仕事だなと思ったわけです。未知のデザインに触れる現場、美しいものをコミュニケーションとしてつくり出す現場にもっとも魅力を感じたんでしょうね。

それともうひとつ。経済が関わっていることがビジュアルコミュニケーション、つまりデザインの仕事の特徴であり、ダイナミズムでもあります。バブル期に向かって、

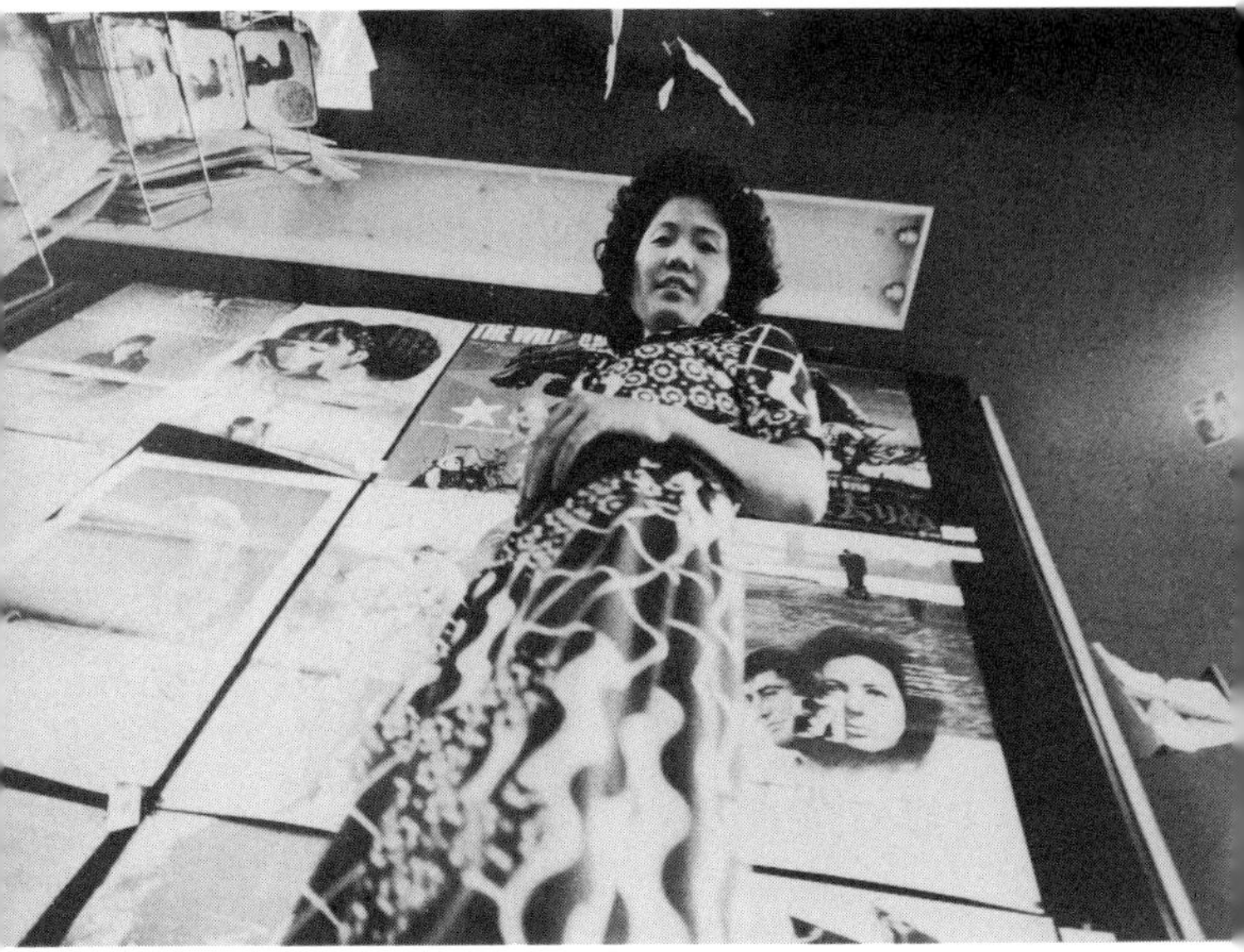

70年代、仕事中のワンシーン。六本木AXISのTDS（東京デザイナーズ・スペース）会場にて。

日本が上り坂になっていた時代には、ビジュアル表現に寄り添うコピーライティングの仕事が無数にありました。私も恵まれた出会いが続いていきます。

西武セゾングループとのお付き合いは、西武百貨店のコピーライティングの仕事から、パルコの開店計画なども登場して勢いを増していきます。1975年に西武美術館（現・セゾン美術館）が誕生し、アソシエイトキュレーターとしての仕事に方向転換します。

心を躍らせる面白いものが手を伸ばせば届くような状況で、どんどん自分の仕事になっていったんです。企画を出して実現しなかったものはなかったくらいでした。

70年代、80年代は時代と社会と才能の奔流がうずまき、独特のすごみがありました。おそらくそういう時代はもう来ないでしょう。

転機となった京都国立近代美術館の仕事

仕事と対峙するとき、自分が本当に夢中になれる内容や方向のものを選んできたように思います。

ファッションの分野でいうと、1975年に、私にとっては20世紀最大と言える仕事を経験しました。ニューヨークのメトロポリタン美術館で行われた展覧会（"The Tens,The Twenties,The Thirties:Inventive Clothes/1909-1939"）を、京都の国立近代美術館に持ってくるという仕事で、三宅一生さんと手がけたものです。パリのオートクチュールを中心に20世紀全般の服飾史から特に優れたものを取り上げていた展覧会で、その京都での開催に向けて奔走したことが、クリエイティブディレクターとしてのいまの私の仕事の始まりみたいなものでした。

一生さんに誘われてニューヨークでこの展覧会を見て、過去に優れた仕事をした人たちが、その時代に誰と出会い、どういう仕事をしたかがわかる作品群に触れ、なんとしても日本に持ってきて伝えたいと思ったんです。それまで日本はコピーキャットと言われ続けてきて、それがものすごく嫌でね。もっと日本は日本らしく進んでいけないか、もっと時代と向き合って日本ならではの創造ができないか……。それまでコピーライターや編集者として、すぐれたクリエイターとたくさん出会い、一緒にものをつくってきていましたから、それを伝えるのが私のミッションだと感じていました。

このときは一生さんが筋道をつけてくれて、まず協力を得るために京都商工会議所でプレゼンテーションを行いました。会議室では、自分の足が震えているのがわかりました。でも終わったら、同行したグラフィックデザイナーの浅葉克己《あさばかつみ》さんなどが「よくやっていたよ」と言ってくれて。

プレゼンはそれ以前から好きだったんです。企画書を書いたり、コンセプトをどうするか考えたり、そういう作業がすごく好き。腕が鳴るっていう感じなんですね。このときは、京都の学者さんたちが協力してくれて、京都大学の吉田光邦先生が、展覧会の方向やタイトルを決める会議を主宰してくれました。それで「1910年代、20年代、30年代：革新的な衣服」というニューヨークでの展覧会名を日本ではどう表現するか考え、「現代衣服の源流」展と決めました。

展覧会準備のために、私もしばらく京都に住みました。商工会議所の人たちも相当なエネルギーで準備をしてくれて、バブルに向かう時期、京都の繊維界と衣服の産業界が一丸となってつくった展覧会でした。

同時期、京都国立博物館では明治につくられた日本の衣服史の復刻版コレクションを開催してくれたんです（「完全復刻による日本の衣装史」展）。それが実に素晴らしいコレクションで。復刻というのは、その時代に存在するマテリアルでしかできないけれど、明治時代には、古代の服の復元までできていたわけです。

プロジェクトのスタート時、私は京都の文化的な土壌につい

「現代衣服の源流」展風景。衣服を文化として捉え、ファッションデザインの意義を問い直した展覧会は、日本初の画期的な試みとして大成功を収めた。
図版：京都商工会議所発行の特装本より。撮影：HIDEOKI

てあまり深く知らなかったんだけれど、この展覧会は必ず京都に必要なものだと確信していました。展覧会を主催する京都商工会議所と京都国立近代美術館に、こちらの意図を理解してもらうために、信頼関係の構築にはとても気を配りました。女性がこうした仕事をするケースは、まだいまのようにはなかったので、錚々たる顔ぶれの企業の役員の方たちも、私のような人間を面白がってくれたのだと思います。それで、彼らにお茶屋さんなどに連れて行ってもらって、京都の奥の奥まで入り込んで遊ばせてもらいました。

そういう意味では、仕事を一緒にする方たちの心情に飛び込める性質というか才能があったのかもしれませんね。デザイナーの亀倉雄策さんが、「俺はこれまで京都に仕事で外から入った人をたくさん見てきたけれど、きみみたいにしっかり迎えてもらった人は見たことないよ」と言ってくださって。その言葉はものすごく嬉しかったです。

いまはみなさん財界の重鎮になっていらして、気軽にお会いすることなんてできないけれど、その頃はまだみんなが上昇気流に乗る前だったというか、エスタブリッシユメントになりきる前だったのね。こちらも修業中でしたから、そういう部分で共感が生まれたような気がします。いま振り返っても、面白い時代でした。30代後半に経験したこの仕事で、本当にいい勉強をさせてもらいました。

いつも根源にあったのは好奇心。人間性のぶつかり合いみたいなところで仕事が成立する時代だったんです。

衣服と美術、ものづくりの現場で

衣を身にまとう感覚

１９８７年から２００６年まで、武蔵野美術大学（以下、武蔵美）造形学部の空間演出デザイン学科で教えていました。卒業生とはいまも付き合いがあって、ご飯を食べながら夜遅くまで話し込んだりすることもあります。

大学に着任したとき、まず私が考えたのは、表現におけるさまざまな局面をつくり出せる人間を育てたいということでした。学科名である「空間演出デザイン」には、舞台とかインテリアとかいろいろな空間があるわけだけれど、衣服のことをきちんと理解する学科にしたいと思い、美術大学で初めてファッションデザインコースをつくりました。普通ファッションについて教えるというと、すぐに役立つ技術を教えることが多いんだけれど、そうではないことを考えていこうと思ったんです。

パターンを引いたり新しい繊維を使ったりすることも大事だけれど、それ以前に、人の生活や人生において、衣服がどんな役割を果たすかといったことも教えるカリキュラムをつくりました。考えるデザイナーを育てたいという思いがものすごく強かったんですね。わずか4年しかない大学生活の中で、学生たちは何を摑むことができるだろうかと考えました。

そんな学科を卒業した学生たちは、なかなか面白くてね。今日、着ている服も卒業生のものなんですよ。若い世代との付き合いの中から、私がいただくものはものすごく多いと感じています。ある日、出かけるときに自分が身につけているものをまじまじと見てみたら、コートからブラウスからセーターから、みんな教え子がつくったものだったの。そういう楽しみがあるんですよね、教師というのは。

ファッション業界だからといって決して華々しい世界ばかりを追うのではなくて、企業の中で地道な仕事をしていたり、自分でものづくりを続けていたり、卒業生たちはそれぞれ自分の生き方に即したものづくりをしていて、いいなと思っています。

私自身は、とにかく素材が好きなんです。素材ありきというのは、どんなことにでも通じるかもしれないですね。無印良品もそうですし。

身につける物についても、まず素材が好きかどうかで選んでいます。基本的には天然素材がいいんですけれど、必ずしもそれだけではなくて、30年愛用しているジャンパーなどはウェットスーツ用素材の初期のものです。

あまり西洋的な、形やシルエットが決まった服は着ないですね。そういう服づくりのよさが際だって表現されているものは、特別に選んで大事に着ますけれど。シルエットがルーズで、「衣（ころも）」という感じのものを着ることが多いでしょうか。友だちが着ているものとか、誰かがデザインしたものでも、「この衣はいいな」と感じます。衣というのは、素材を身にまとっている形、どちらかといえばアジア的なものでしょうね。

衣服に興味を持ったのは、母親が洋裁をしていたことがきっかけです。西欧のイメージも自然に感受していたんだけれど、日本の布がずっと好きでした。ティーンエイジャーのとき、銀座にあった白洲正子さんの店「こうげい」に行って、木綿の織地を買って、母にドレスを仕立ててもらったことがあるんです。白洲さんが集めていたのは、職人が丁寧に織った美しい縞《しま》の布でした。

後に、着物を現代でどう着るかを探求していたデザイナーの大塚末子《すえこ》さんと出会います。大塚さんは「着物が日常化しないのは裾丈（おはしょり）が問題」と言っていました。それで着物を上下に分け、二部式に仕立てていたんですね。私はその考え方に心酔して、東レの化学繊維の浴衣地で二部式をつくっていただき、初めての外遊にとても役立ちました。

そんな感じで、東洋の服はずっと好きでしたね。ベトナムの伝統衣装、アオザイもパリで会ったベトナム戦争時代の留学生たちから目を開かれ、なんて美しいと思ったものです。

佐賀町エキジビット・スペースの誕生

佐賀町エキジビット・スペースをつくったのは1983年のこと。武蔵美に出講するようになった87年以降は、大学のある国分寺と目白の自宅と佐賀町の三角点を常に移動していました。

当時は、若い人が新しい仕事を発表する機会がほとんどなかったんです。公共の美術館は税金で運営されているから冒険できず、また新人アーティストへの視野も狭かったんですね。あったのはアーティストが場所代を払って展示させてもらう貸し画廊だけ。たとえば美大で美術を勉強してきた人が卒業した後、どうやって世の中に顕在化してくるかというと、貸し画廊にお金を払って展覧会をすることが当たり前の時代だったんです。それって、世界の七不思議のひとつというか、日本の社会は新しい作家を迎え入れることができない土壌だなと感じていました。いまではいろいろな美術館でキュレーターが押し出して20代のアーティストが表現の場を得られるようになり、ギャラリーも若いアーティストをサポートしながら作品を売り出すのが普通になっていますけれどね。

その頃、60年代以降のカウンターカルチャーの流れの中で「オルタナティブ」という考え方が生まれていました。それで美術館でもない、商業ギャラリーでもない第三の場所、オルタナティブなスペースをつくろうと思ったわけです。ニューヨークには現代美術に特化した非営利の「ＰＳ１」（２０００年、ＭoＭＡと合併）があったり、ロンドンには「ＩＣＡ（Institute of Contemporary Arts）」があったりするのに、東京にはなかった。発表の場をつくらなければ、日本の新しいアーティストが外国に行ってしまうんじゃないかという焦りもありました。

そしてオルタナティブなスペースは、アーティストにとっても鑑賞者にとっても快い空間であるべきだと考えました。その頃はちょうどバブル期で、新しいビルがどんどん建設されていて、多目的ホールや、ボタンひとつで客席や壁が登場する空間などがたくさん出現していたんです。でもアーティストと鑑賞者のことを考えると、そうした新しいビルディングには期待できそうもない。

それならば、古い建物を修復することで新しい空間を創出できないかと考え、古い倉庫や工場跡などを探し始めます。当時、私の経営していた会社キチンには、いま銀座でギャラリー小柳を経営している小柳敦子さんが働いていて、小柳さんの叔母様の転居がきっかけで、幸運にも、眠っていた古いビルを見つけることができたんです。それが、あの古い食糧ビルでした。1927年に建てられた建物で、41年までは正米《しょうまい》市場の取引拠点として機能していて、51年から江東食糧販売協同組合が所有していました。東西南北に配置がぶれない構造、三階には空間に柱のない講堂が、眠るようにありました。

無謀なんだけど、いったん始めてしまえば理解者が増えると思って、とりあえずは自分たちでやってしまおうと。企画はスペースの主催者が行い、展覧会としてまとめ、収蔵品を持たないエキシビジョンスペースとして成立させることにしました。会場費や設営費といった最低限の運営費はギャラリーが負担して、制作費はアーティストに負担していただくという形です。その最低限の運営費は、キチンが手がけた広告や編

上・元慶煥《ウオンキヨンフアン》「Inside of Earth」（1989年9月1日〜30日）
下左・岡部昌生「STRIKE-STRUCK-STROKE」（1986年9月2日〜27日）
下右・「剣持和夫展」（1986年11月11日〜12月5日）　いずれも撮影：林雅之

集、催しの企画などの収益をつぎ込んでいました。もちろん、膨大な収益があるわけではないですから、ギャラリーは厳しい経営状態だったんです。それでも自主運営はずっと貫いていましたね。夢はノンプロフィットの構造だったんです。舞台裏は大変でしたけれど。家賃が払えなくて親に頼み、自宅を抵当に入れたこともあります。最後の方は、武蔵美にも少し援助していただきました。

企業の寄付金や公的助成金がもっと簡単に受けられると、甘く考えて始めてしまったのよね。いまは若い人たちに対する助成金制度がたくさんあって、あの頃に比べたら夢のようです。当時は海外アーティストが活動するためのレジデンスシステムもなかったし、日本のアーティスト、特に現代美術家は自活していくのも大変な時代でしたから。

展覧会によっては、壁や柱がどうしても必要になったりして、そういうときには仕事で知り合った企業の宣伝部長さんに「なんとかこれだけは寄付していただけないでしょうか」と頼んだりしていました。バブル時代だったから、会社の人たちが自由に采配できるお金に、ある程度の余裕があったのだと思います。私たちはバブルの恩恵

多くのアーティストとともにつくり上げられた佐賀町エキジビット・スペースでの展覧会。食糧ビルの空間が作品の個性をより際立たせる。
戸村浩「1st with TOM」（1984年2月4日～4月3日）　撮影：林雅之

を受けたとは思っていないんだけれど、ゆるやかな個人的関係の中で、助力を申し出てくれる方がいらっしゃいました。そういう意味では、企業の方々とも、とても人間的なお付き合いができていたと思いますね。

佐賀町では数多くのアーティストに展覧会をつくってもらったんですけれど、内藤礼さんのような作家が出現したことは、日本の美術史において重要だし、彼女の個展で女性の力を堂々と位置づけられた気がします。とてもスピリチュアルな世界に目を向けさせる人で、よくああいったアーティストに出会えたなと思いますよ。

当時、彼女は武蔵美の視覚伝達デザイン学科の学生だったんだけれど、他の先生たちは「何を表現しようとしているかわからない」と言っていたようです。彼女はその頃から何かを、小さな命みたいなものを発しようとしていました。それを見て、私はすごい作家の時代が来たなと思ったんです。

人間の内から生まれ出てくるもの、それをどう捉えるかがとても大事なのかもしれない。直感みたいなものかな。すべてのアーティストとの出会いはそういう感覚なんです。

美術家の森村泰昌《やすまさ》さんとの出会いもそうでした。複数のアーティストが集まったグループ展で初めて出会うんだけれど、森村さんの作品は、おっと思うような発信力があって。グループ展のほかのアーティストも、いまでは名が知られた人ばかりです。

いまあるものを疑ってみる

武蔵美の空間演出デザイン学科では三、四年生のゼミも受け持っていて、卒業制作にあたって考えるきっかけをつくってもらおうと、講義も続けていました。

そこで私が伝えていたのは「服だけのことを考えない」ということ。この世界は、あらゆるものから情報が発信されているわけですからね。もうひとつ、「自分が好きなものを見つけて、それにエネルギーを注ぐためだったら授業に出なくてもいい」とも言っていました。

たとえば、デザイナーの皆川《みながわ》 明《あきら》さんの初期のお仕事を、うちの学生たちが追い求めて。キャンパスに来ないで、夢中になっているという事態から、私も皆川さんを知りました。まだ皆川さんがデザイナーになりたての頃です。

学生にはよく「新しい何かを見つけようと思うとき、それはお店には並んでいないわよ」とも言っていました。だって作品をつくるとき、みんなすぐ東急ハンズに材料を探しに行くから（笑）。

人間にとって衣服というのは、どういうものなのか。学生たちには、「街やジャーナルに出ているものに対する疑い、反発を前提にものづくり

武蔵野美術大学退任記念展として、現代美術の作家から学生の作品までが一堂に会した「衣服の領域―― On Conceptual Clothing: 概念としての衣服」展示作業中の風景。巨大布製バナーの前には彫刻デッサン修業の象徴であるポセイドン像。
会期：2004年11月8日（月）〜12月13日（月）
会場：武蔵野美術大学美術資料図書館

をしなさい」と話しました。

それはどういう意味かというと、私たちがいま目にしているファッションは、ファッションビジネスとしての繁栄にすぎないということなんです。そういうものではなく、もっと根源的なものを見てほしい。民族衣装を重視することもそのひとつで、たとえば素材を追いかけて、羊を育てる人から何かを学んでくるとか。いかに既製のものから離れてものをつくることができるか、そういう意識がとても必要だと思うんです。

私が一時期、海外で夢中になって集めていたものの中に、18世紀や19世紀のイギリスのパターンメイキングの本があります。そういう本を見ていると、人間のボディに沿わせたシェイプをつくり上げることに、当時の人たちが並々ならぬエネルギーを注いでいることがわかるんです。

体に沿う服をつくる努力によって、カッティングとソーイングが発達してきた。だからといって西欧的な服が絶対的に美しいかというと、決してそれだけではなくて、三宅一生さんの一枚の布から生まれる服も美しい。人体があって、それにどう衣がまとわりつくかという視点。そういった文化人類学的な視点に目を向けていました。

衣服をまとう感覚というのは、自分のボディと着る素材との間にある空気感を意識するとでもいうのかな。それがアジア的デザインなんだと思うようになっていきました。

たとえば私たちの時代って、Tシャツをつくることも新しいものづくりだったわけです。1971年、三宅一生さんが厳選したコットンでロングタンクトップのドレスとTシャツをつくりました。「タトゥ」というタイトルなんだけれど、彼は「タトゥには亡くなった人へのオマージュを込める意味がある」と言いました。

テキスタイルデザイナーの皆川魔鬼子《みながわまきこ》さんが、その頃に亡くなったジャニス・ジョプリンとジミ・ヘンドリックスのイラストを描いて、そのイラストをもとに日本の刺青《いれずみ》をイメージしたプリントをドレスに施したんです。何でもないシンプルなコットンのワンピース、肌着のようなドレスにね。

それを見たとき、とてもコンテンポラリーだなと感じました。いまの時代の美学だなと感激したことを覚えています。このドレスは、皮膚との一体感がコンセプトにな

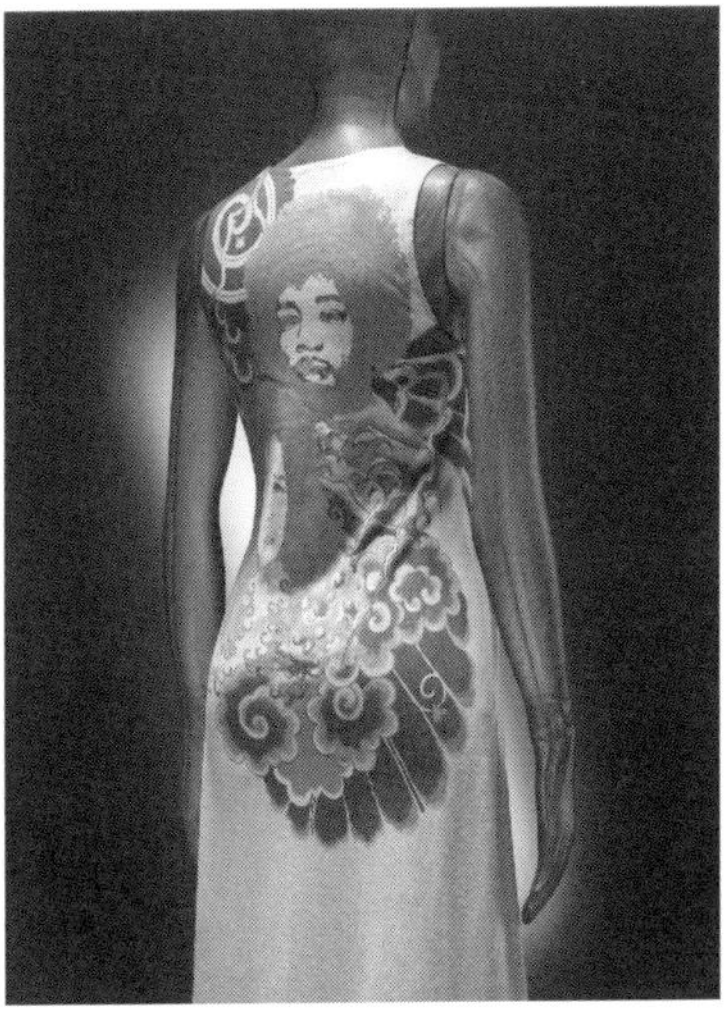

ISSEY MIYAKE1971年秋冬コレクションで発表された「タトゥ」。刺青になぞらえたプリントでジミ・ヘンドリックスとジャニス・ジョプリンの顔がロングドレスに施されている。
撮影：岩崎寛

っていました。

そのドレスを発表するとき、一波乱ありました。ショー当日の朝、スポンサーの東レの方から私のところに電話があって、「社内で、刺青は反社会勢力のものじゃないかという意見が出ました。今日のショーは中止にできませんか？」と言われたんです。驚いてしまって。「そういう意味でつくっているわけではなく、海外のミュージシャンへのオマージュですから」と伝えました。

結局、ショーは取りやめにはしませんでしたけれど、そのときのショックは相当大きかったですよ。日本の会社組織にはそういう考え方があるんだ、デザイン表現は無力、と思い知らされました。

考えてみれば、怖いもの知らずだった。自分が行うことについて、自信みたいなものがあったのでしょうか。

社員ノートからヒントを得た無印良品

いまもアドバイザリーボードを務めている無印良品は、1979年あたりから準備を始めて、80年に発表しました。ショップが誕生したのは83年です。「スーパーマーケット西友のプライベートブランドをつくりたいので、どうつくったらいいかを考えてほしい」という西武百貨店社長の堤清二さんからの田中一光《いっこう》さんと周辺の私たち広告制作者への依頼でした。

ちょうどオイルショックの頃で、小売業として生活者に役立つもの、いいものをできるだけ低価格で提供することが最大のミッションだったんです。堤さんのお話を聞いて、絶対にこれは持続して温めていける仕事だと感じました。

コンセプトを練るうえで、小売りのマーチャンダイジングを担当している方たちから、たくさんのことを学びました。彼らが持っていたノートにヒントがちりばめられていたんです。たとえば「しゃけは全身しゃけなんだ。」というコピーもそこから生まれました。日本のナショナルブランドの缶詰は、シャケを輪切りにして綺麗に缶に詰めていたんだけれど、フレークとして頭から尻尾まで丸ごと活かすことができるんじゃないか。そういうアイデアの絵を、マーチャンダイザーたちがノートに描いていたわけです。

それを見たとき、「これだ！」とひらめいて、田中一光さんと小躍りしてね（笑）。そこで、これまで捨ててきたもの、無駄だと思われてきたものを洗い出して、品揃えしていきます。やっぱり、なんでも現場が勉強の場なのよね。このときのコピーはいままでもいちばん好きなんです。ポスターは山下勇三さんが素晴らしい墨書きのイラストレーションを描いてくださって。

無印良品のコンセプトを堤さんは「反体制の商品群」と呼んでいました。一言で表すと、そういうことなんです。

田中一光がアートディレクション、山下勇三がイラスト、小池がコピーを手がけた無印良品ポスター（2000年）。

所蔵：DNP文化振興財団

ものを大切にする心、もったいない精神から生まれたものを目指していきましたから、ブランドを立ち上げるにあたって、あらためて日本古来の美学も研究しました。

素材を活かすというコンセプトを進めていくと、素材そのものの色の評価、再発見につながります。それを自然そのものの、「まんまのいろ」と名付けました。糸も生地もセーターなどの製品になっても、動物の色をそのままいただくということです。ウールと言ってもいろいろな羊の存在がある、それぞれの動物の色そのままをいただいて着ようということです。

無印良品のポスターをつくる作業は本当に楽しくてね。大地に水が浸透するみたいに、受け手にどんどん理解してもらえたから、とても嬉しい経験でしたね。

無印はいま世界各国に店舗を展開していて、現地で講演を依頼されることも多いんです。そういうときも、ブランド立ち上げ当時に何を考えたか話してほしいというリクエストが重なります。これまで中国、シンガポール、ニューヨークなどで話しました。

商人（ビジネス）とクリエイターとの非常にいい出会いがあって、そこから無印良品というプロダクトが生まれたということなんです。

自分は〝白紙〟なのだと思う

出会いといえば、かつて一緒に仕事をした仲間がどんどんこの世を去ってしまって、いま自分だけ残っているというのは不思議な感覚です。

私は特定の職能を極めていないのよね。それがコンプレックスでもあるんだけれど、だからこそデザイナーって本当に素晴らしいなと思います。

自分自身について、媒体のようなものだと思ったこともありましたね。私は「白紙」。白紙でありながら、何かものづくりをしたい人間だから、特定の才能がある人からどうしても何かを受け取りたい。それで自分が染まるというか、優れた才能に非常に敏感なんだろうと思うんです。

60年代や70年代の東京の街には、何かをやってやろうという若者がたくさんいて、熱気みたいなものがありました。クリエイター仲間で朝から夜中まで一緒に騒いでいましたよ。新宿二丁目などは、そこを通らなければ家に帰れないというような感じでね（笑）。朝から仕事で喧々ゴウゴウして、夜になると伝説の店「ナジャ」とかがある新宿二丁目に繰り出して。

いま振り返ると、よくも飽きなかったと思うんだけれど、それはお互いに引き合うものがあったからだとも思うんです。厳しい言い方をすると、抜けていく人もいるんですよ、脱落というかね。

一緒に議論をしたり何かをつくり出したりすることの中に、緊張感みたいなものが絶対にあったと思う。飛んできた球は絶対に打ち返したい、できれば相手に「やるな」と思わせたい。私はそれを「感覚のキャッチボール」と呼んでいるんですけれど、そういうかなり厳しい道を通ってきたとは思います。

キャッチボールするために、自分もインプットしていたんでしょう。意識しない努力というか、そういうことはしていたと思う。だって、つまらない人と食事をしたり、どこかに一緒に行ったりしたいとは思わないでしょう。

一昨年（２０１９年）、文化庁メディア芸術祭で功労賞をいただいたんだけれど、その贈賞理由に審査委員の齋藤精一さんが書いてくれています（「あたかも大きなムーブメントして捉えられる「文化」は、たどっていくとじつは数名の活動から始まっている。小池一子氏はまさに広告・ブランド・ファッション・ものづくりをはじめ、たくさんのデザイン・クリエイティブ分野の日本のあり方を創成期からつくった人である」）。太陽みたいな人たちがみんな逝ってしまったから、月のような存在の自分がいただくことになったのだろうなと感じています。

田中一光から学んだ美の価値観

たくさんの素晴らしい人から、いろんなものを受け取ってきたわけだけれど、やはり最初に大きな影響を受けたのは堀内誠一さんです。芸術家とはまた違って、デザイナーという立場で仕事を楽しんでいる人間がいることを、堀内さんを通して初めて知りました。

その次は、江島任《たもつ》さん（アートディレクター。『装苑』『ミセス』『PLAYBOY』など多くの雑誌のアートディレクションを手がける）。江島さんはもともと、堀内さんのアド・センターに仕事で出入りしていたんです。あんな憎たらしい人はいないというくらいの個性的な人でしたよ（笑）。もちろん大好きだったんだけれど、彼は自分自身を持て余していたというか、他者に対して、厳しく接するタイプの人でしたね。これまで一緒にいた中でも独特な人だったと思います。

それから田中一光さん。田中さんと出会ってからはずっと〝田中色〟でした。田中さんは好みがはっきりした方だったんですけれど、私は嫌な思いをしたことが一度もなくて。みんな怖い怖いと言っていましたが、全然怖くなかったですよ。

仕事をする中でいろいろな素晴らしい人に出会って、しかも長い時間を過ごすわけだから、これはもうある種、結婚みたいなものなのだと思います。ほとんどわかり合っていて、共にものをつくることができる関係というのは、本当に得がたいことですよ。もちろん、美の価値に対して厳しい方たちばかりだから、そばにいても緊張はしているのよね。だけど、それが難しいこととは思えなくて、自然に敬ったりしていたんです。

田中さんからは、生活雑貨から絵画作品に至るまで、あらゆるものを表現する言葉の中に、「その人なりの感覚が大事なんだ」ということを教えられました。焼物が名産の街などに行って帰っていらっしゃると、「ちょっとこれいいと思ったから」といってお土産にお小皿なんかをくださるの。そうか、田中さんはこういうお皿をいいと思うのかと、私は感じ入りました。もういま手元に残っているのは数枚になってしまったのだけれど。

田中一光にプレゼントされた小皿。陶器市など何でもないところによいものがあると、田中の民藝への目を感じる、ふだん使いの皿。

何でもないお皿なんですよ。決して特別なものではなくて、自然に無作為につくられたものの美しさみたいなことを、いちばん教えられた気がしています。

田中さんは、いいものを徹底的に褒めるの。田中さんが喜びそうだと思う服を着ていくと、「綺麗ね、その色」と言ってくださる。そういう意味では、自分の表現を見てもらいたかったところもあったかもしれません。田中さんについては、みんながそうだったと思います。

褒めることに関してはお友だちに

も同様で、いい本が出版されたりすると「今度の文章はいいね」などと、すぐに電話をかけていました。

優れた舞台の魅力をシェアしたり。料理人との交流も深くて、田中さんの通うレストランの素晴らしいところにも、たくさん連れていっていただいたりしました。

仕事の場でなんという肩書きにしたらいいか困っていたとき、「クリエイティブディレクターにしようかな」と相談したのも田中さんでした。仕事をする中でアートディレクターという存在の大きさをものすごく理解していたから、アートという名称はとても使えない。それで苦肉の策で考えたのが、クリエイティブディレクターという言葉だったんです。

クリエイターと仕事をするうえで、いちばん大事にしていたのは感覚のキャッチボール。その感覚のキャッチボールが、時を経て顕在化することも多いものです。たとえば武蔵美の特別講義に私がいいなと思う仲間を講師に呼ぶと、学生たちは「わ〜、すごい」とか言うわけ。それに対して私は、「いいと思うクリエイターとお互いの仕

珍しく仕事抜きで田中一光らと旅行したときの一枚。ケニアの草原に気球で降り立ち、朝食を楽しんだ。右手前が田中、その後ろが小池。
撮影：高木由利子（高木手製のアルバムより）

事の初期から関係を大事にしてきたからなのよ」と説明するんです。

若い人たちには、名声やすでに顕在化している仕事にばかり驚くのじゃなくて、周りをよく見回して生きることが大事なんだと伝えたいです。

仲間と経験をシェアする喜び

三宅一生さんと出会ったのは、彼がまだ多摩美術大学の学生だった頃です。田中一光さんと新しい才能の取材を進めていたときに、衣服のジャンルで力のある若い人を押し出していきたいねと話していて、一生さんに辿り着きました。彼は銀座にある広告制作会社ライトパブリシティのアートディレクターだった村越襄《じょう》さんに作品をプレゼンテーションしたりして、意欲的でした。

初めて会ったときには、細くて、全体がグレイッシュな繊細な青年という印象だった。いつもスリムなコートを着ていて。その印象はいまでも変わりません。

その後、フランスに留学して帰国して、日本で仕事をすると決めてからは、どんどん仕事の幅が広がって、ダイナミックさが表に出るようになりました。でも複雑な繊細さをずっと内包している。世界、政治、社会を見る研ぎ澄まされた眼の繊細さが、ずっと変

デザイナー・三宅一生と「現代衣服の源流」展準備中のニューヨークで。三宅とは60年近くにわたり親しく付き合っている。
撮影:HIDEOKI

わっていないと思います。

かつてはよく一緒に旅をしたんです。彼と旅をすることがどんなに素敵なことだったかと、いまになって思いますね。一生さんの旅のスケジュールを聞くと、自分もそれに合わせて同じ場所に出かける計画をし、現地で落ち合って新鮮な経験をするというのが楽しみでした。パリの最初の一生さんのコレクションもご一緒しました。

その頃、いろんな国の人が一生さんに来てほしいと依頼していたんです。あるとき、私がイスラエルの若手作家の展覧会をキュレーションすることになって、その前にパリで一生さんと一緒になり、イスラエルに行くことを告げたら、「僕も行く」ということになってね。二人でイスラエルに向かいました。そうしたら、テルアビブの空港に迎えに来てくれた美術館の人が、一生さんが一緒だと知って驚いて、「自分があんなに頼んでもミヤケは来てくれなかったのに、どうして連れてくることができたんだ」と言われて(笑)。そういうときには、私は仕事をして、一生さんはのんびりと休日を楽しむことに集中していました。

一生さんと一緒に行動することで、素晴らしい人々との出会いにも恵まれました。

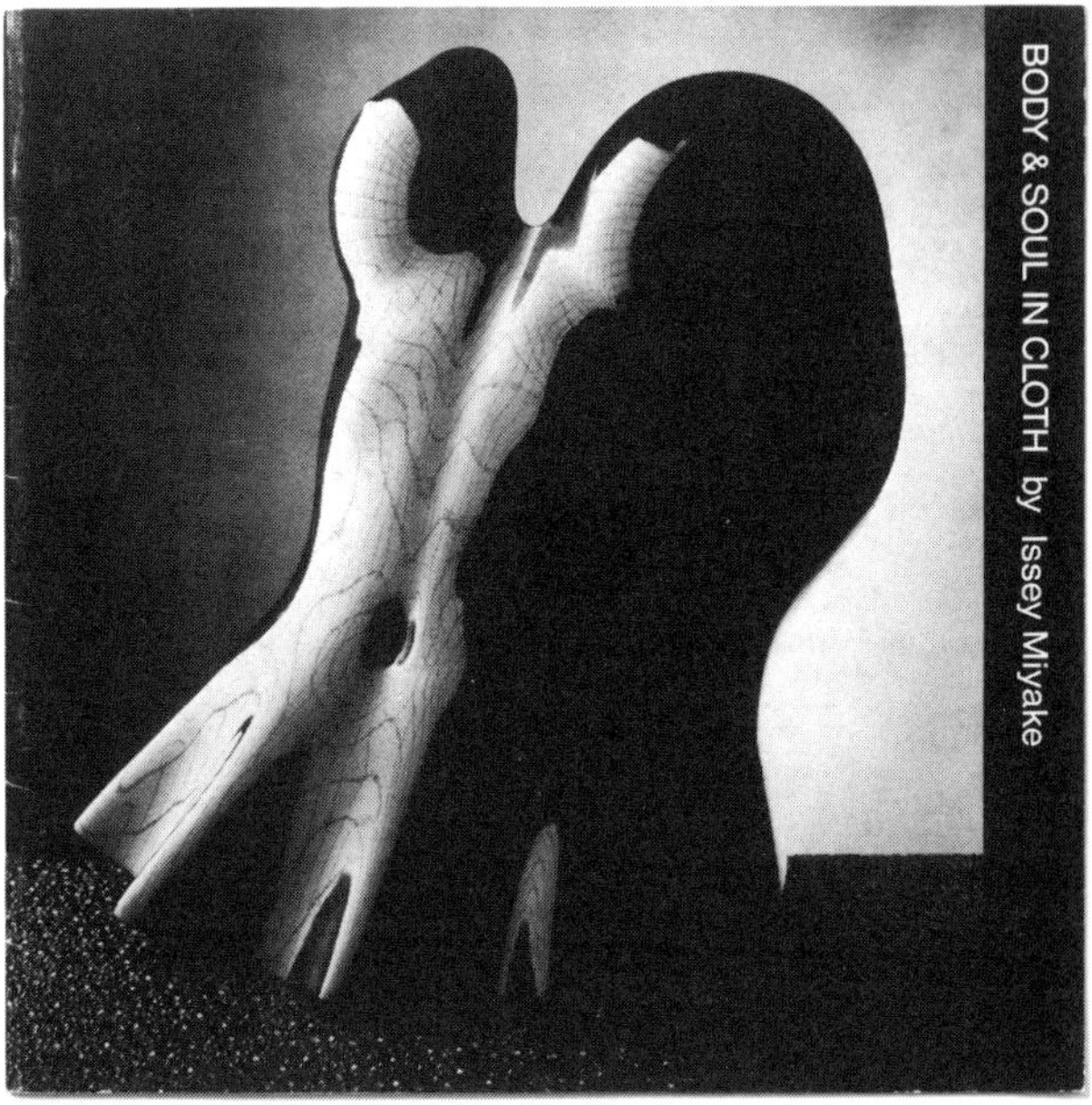

敬愛する二人との仕事のひとつ。田中一光がアートディレクション、小池がテキストを手がけたプログラム『BODY & SOUL IN CLOTH by Issey Miyake』(1981年)。アムステルダムのアートディレクターズクラブ主催「Japan Day」で行われたISSEY MIYAKEプレゼンテーションのために制作された。
写真 : Daniel Jouanneau

経験をシェアする喜びということでしょうか。友だちの素晴らしさって、どんな素敵な経験をシェアできるかってことなのだと思います。

十和田市現代美術館の館長として

２０１６年から４年間、十和田市現代美術館の館長を務めていました。日本の地方都市の過疎化は２０００年代に入る頃からどんどん顕在化していて、十和田もその課題を抱えています。十和田は、中央官庁の出先機関の転居と合同庁舎の整備が重なって、市のシンボルである通りに空き地問題が発生していました。

この美術館設立に関わる前に、鹿児島県で霧島アートの森というオープンエア・ミュージアムを、美術評論家の南條史生《ふみお》さんと建畠 晢《たてはたあきら》さんたちと一緒に手がけていたんですね。十和田市の当時の市長さんがそこを視察されて、「美術で街の活性化ができないか」と南條さんに相談をし、委員会をつくることになりました。その委員会の中で、美術のプロジェクトならセンターとなる建物が必要だろうと美術館構想が立ち上がりました。これまでのコンサバティブな美術館とは違う、新しい美術館ができないかと、建築コンペを行うことになり、そこに私も参画したのです。ですから、十和田市に関わって15年ほどになりますね。

この美術館のあり方は成功していると思います。なぜなら、美術館設立当時に収集した現代美術の素晴らしいパーマネントコレクションの所蔵と、質の高い企画展の開催という両輪があるからです。私も企画展で新しいアートの動きを導入していきました。環境問題をテーマにしたヨーガン・レールの仕事を紹介する「On the Beach ヨーガン レール 海からのメッセージ」（2016年10月〜17年2月開催）もそのひとつ。

またいま現代美術では、新しいアーティストに若い世代が騒ぐ傾向があって、キャリアのある素晴らしいアーティストが逆に苦労しているという現状も見えます。「横尾忠則 十和田ロマン展 POP IT ALL」（2017年6月〜9月開催）の企画は、日本におけるポップアートの源泉を振り返る意味も込めました。

館長就任中には、地方都市における美術館を取り巻く環境についても触れることが

十和田市現代美術館「On the Beach ヨーガン レール 海からのメッセージ」展展示風景。
会期：2016年10月8日～2017年2月5日
写真提供：十和田市現代美術館

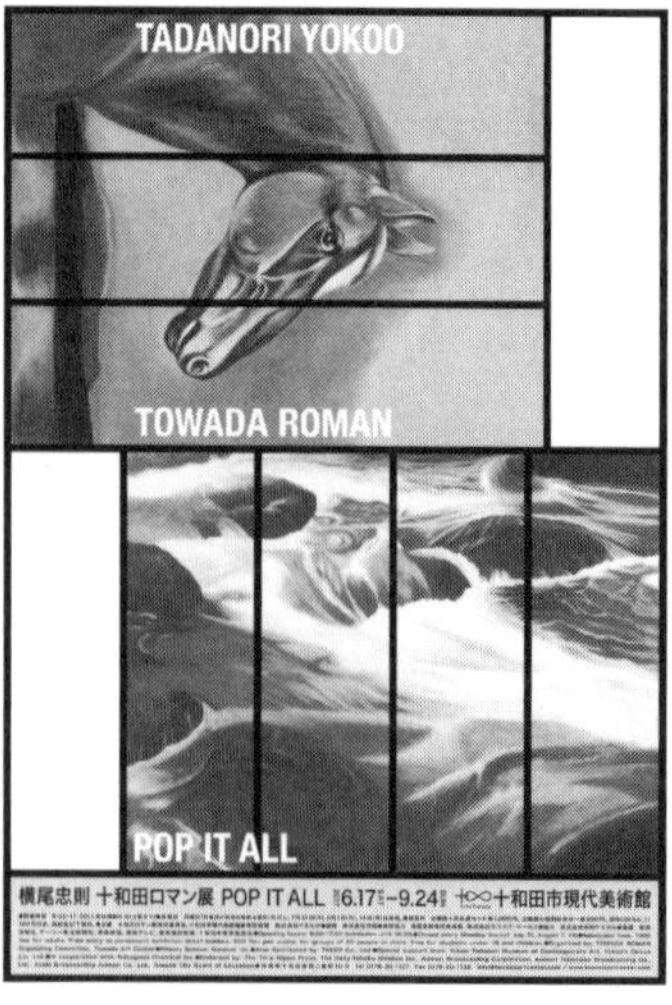

十和田市現代美術館「横尾忠則 十和田ロマン展 POP IT ALL」展ポスター。
会期：2017年6月17日～9月24日
写真提供：十和田市現代美術館

できました。美術館が好きで、何か関わりを持ちながら連携したいという人たちには女性が多い。十和田では「Towada Art Center Partners（TAPS）」という友の会のような組織をつくっていて、教育プログラムのサポートも含め成果を上げています。地方の都市での美術館の、内側だけでなく外側との繋がりについても目を開く機会になりましたね。そうした存在があることで、健全な美術館が生まれるんじゃないでしょうか。

そんなこともあって、館長を辞めたいまも、このTAPSには関わっていたいと思っています。

日本の社会で女性として生きるということ

既存の「女性らしさ」を押しつけられなかった

自分の世代として、いま伝えておきたいと思うことが二つあります。ひとつは戦争と平和のこと。もうひとつは、女性の顕在化のこと。

女性が活き活きと生きるために、いまのうちに何かできることをしておきたいという気持ちが湧いています。自分の年齢を考えると、この二つのミッションに関わることなら、なんでもやっておきたいと思うようになったのです。やはり、この二つは相互関係がありますから。

私自身は6年間ミッションスクールの女子校で育って、家でも女の子だからという制限はなく暮らしていたので、世の中はそういうものだと思い込んでいました。二人の母親はともに、世間の常識みたいなものをまったく家の中に持ち込まなかったんです。そのことはすごく感謝しています。「女の子だからこれをしなさい」とか「これをするとみっともないでしょう」というような空気は我が家にはなかった。だから心の窓を開け放して、世界を見られたのだと思います。

高校時代に友だちと「結婚についてどう思う?」なんて議論をすると、みんな「まずはいい結婚をして、いい家庭をつくること」と言うわけです。私はそうじゃない生き方もあるし、結婚は生きる過程にあることのひとつであって、一筋の生きる道って言うと変かもしれないけど、自分のしたいことを諦める選択肢ではないんじゃないかと思っていたから、ちょっとがっかりでした。なんとなく、「女性はそこまでやらなくてもいい」という空気もあり、私自身はそういう大勢に反発を感じていました。

早稲田で演劇をつくっているときにも男女差はなかったし、誰でもやりたいことができる空気でした。仕事をするようになってからも、私自身はあまり男女差に関して嫌な経験がないのです。

でも、アートディレクターの石岡瑛子さんは、資生堂に入社するときにお茶汲みはしないと宣言したと言っていました。私は堀内さんの秘書をしているときにも、女性だからどうこうというのは感じなかった。むしろ過酷な要求をされて、いろんなものを書かされました。英語でそういうことを「Hard knock lesson」というんだけれど、まさに額を鞭で叩かれながら仕事をしていた感じです。

仕事の質に対しては厳しい要求をされても、女性だからといって差別された経験がないということが私自身の反省点でもあるし、弱点というか、劣等感があるとすれば、そういう局面に立たないできたということです。

自分自身はのびのびと生きてきたけれど、必ずしも世の中すべてがそうじゃないことに、20代半ばになってようやく気づくわけです。美術の世界においても、歴史的に女性のアーティストは正しく評価されてこなかったことを知ります。力いっぱい表現したいのに、社会は男性の論理で成り立っていてそれができなかった。次第に、女性がもっと輝けばいいのにと思うようになり、先達の女性たちは一体どう闘ってきたのだろうかと考えるようになります。

歴史における女性作家の弱さ

同じ頃、追いかけるようになっていたのがコンテンポラリーの感覚でした。音楽もクラシック音楽じゃなくて、ジャズや現代音楽に夢中になり、アートもコンテンポラリーアートをもっとも追いかけるようになりました。

仕事の出張の合間に、現代美術のギャラリーや美術館にも足を運び、浸っていきます。いちばん新鮮だったのは赤坂にあった草月《そうげつ》アートセンターで、足繁く通っていました。草月アートセンターは舞台表現に力を入れていて、たしか日本で初めて小さなミュージカルを海外から持ってきたんじゃないかしら。前衛だったのよね。私より少し年上の粟津潔《あわづきよし》さん、一柳慧《いちやなぎとし》さんなどが活躍していて、私は同世代の和田誠さんにくっついて通っていました。

徐々にコンテンポラリーな表現に集中したいという気持ちが強くなっていったんです。

ちょうどこの時期、パルコの仕事を手がけていたんだけれど、パルコの経営者である増田通二《つうじ》さんがまた女性の力を認める方だったんです。

アメリカにジュディ・シカゴというフェミニズムアートの旗手がいます。彼女と出会った頃、ジュディはいかに女性が社会的、人種的、構造的に搾取され続けてきたかを女性アーティストとの対話の中から探って一冊の本にまとめている最中で、「読む？」と言われて読破し、翻訳を任されることになります。原題は"Through the flower"で、flowerは女性器のことを意味しています。直訳すると「花を通して」というタイトルなんだけれど、それをどう訳そうかと考えて、『花もつ女』というタイトルにしました（『花もつ女——ウエストコーストに花開いたフェミニズム・アートの旗手、ジュディ・シカゴ自伝』パルコ出版、１９８０年）。この本を出版させてくれたのも増田社長でした。非常に柔軟な考え方を持った方だったと思いますね。いまでもこの本は読み継がれているようで、東京藝術大学のゼミのテキストにも使われていると聞いています。

美術史を見ても、女性のアーティストはとても少ない存在です。ジュディ・シカゴはそのことについても書いています。

彼女はユダヤ人で、生家の姓はあるんだけれど、シカゴで生まれた一市民という意味で、このアーティストネームに改名しているのです。

ニューヨークのブルックリン美術館にパーマネントコレクションとして所蔵されている代表作「The dinner party」はセラミックでつくったインスタレーションで、絵皿とワイングラスが並んだ正三角形のテーブルに一辺13席、計39席が設けられ、古代のサッフォーからジョージア・オキーフまで古今東西の女性の表現者から、彼女が選んだ存在をイメージした絵皿と名前が記された作品。絵皿には女性器をモチーフとした象徴的な絵が描かれています。なぜ皿絵かというと、かつて画家になりたかった女性の表現のはけ口として、女の嗜みの芸であった皿絵の存在があります。ペインター

小池が翻訳を手がけたジュディ・シカゴの『花もつ女』。古今東西の女性の表現者に光をあてつつ、アーティストとして社会の中で自己を確立するまでを綴る。

としては迎えられなかった女の昔からのメディアだったということです。そうしたクラフト制作は古来、女性が行ってきたものだから、ひとつひとつの絵皿に女性の存在が込められているというわけです。この作品が発表されたときは、センセーショナルな反響がありました。

私が彼女の自伝の翻訳をしたご縁で、著述をはじめた上野千鶴子さんからご連絡をいただいて、自著の表紙を彼女の作品にしたいということで、ジュディを含め交流するようになりました。

その頃、仕事の現場では、私だけが女性ということは多かったです。もっと女性がいたらいいのにと思うことは、もちろんありました。当時、一緒に仕事をした女性たちとはとても緊密に付き合っていました。石岡瑛子さん、イラストレーターの山口はるみさんを筆頭にすぐれた女性の仲間とは、より深く話し合っていたと思います。

1989年には、メキシコの作家、フリーダ・カーロを日本で初めて紹介する展覧会を企画しました（「フリーダ・カーロ展」、有楽町アート・フォーラム）。彼女は病によって6歳のときに足が不自由になり、17歳のときに巻き込まれたバス事故の後遺症にも苦しみ続けます。晩年は足を切断して、47歳で生涯を閉じました。彼女は21歳年上の画家ディエゴ・リベラと結婚するんですけれど、その生涯は非常に波瀾万丈だったんですね。そんな中で、女性の身体や性といったタブーに抗いながら制作を続けました。メキシコで彼女の存在を知ったとき、これはもう絶対にみんなと共有したいと思いました。

アイルランド生まれのアイリーン・グレイを知ったときもそうでした。彼女はインテリアデザイナーであり、建築家でもあります。ル・コルビュジエという偉大な建築家が同時代、建築の歴史をつくっていくわけだけれど、その陰にはきっと女性クリエイターが存在したはず。そう思っていたところに倉俣史朗さんとそのロンドンの友人

翻訳を手がけた『アイリーン・グレイ　建築家・デザイナー［新版］』（みすず書房、2017年）。

が導いてくださって、彼女の仕事と出合いました。

そういう意味では、面白い表現活動をしてきた女性に対して、意識的に目をこらしていたところはあると思います。

彼女たちに出会った30～40年前と比べて、じゃあ、いまは状況が好転しているかというと、周りの景色は全然変わっていないような気がします。あまりにも変わっていないから、いまもこうして伝え続けなければいけないのかなと思うんです。


本当なら女の人ももっと自信を持って社会の中で動いていいはずなのに、自分たちで頭上に天井をつくってしまう、そうせざるを得ないような社会状況もあって、歯がゆい思いもしています。

世界的なムーブメントとして#MeToo運動がいまはありますが、やはりまだ女性が口に出して言えないことが、世の中にはたくさんあるのだと思います。世の中に広がる薄い皮膜の下には、たくさん嫌なことが存在しているようにも思える。東京駅前の行幸《ぎょうこう》通りで行われた#MeTooの集会にも私は行きました。まだまだ男性主権の構図は解決できていない。セクハラ、パワハラについて語り始めた女性には感激もしています。

そういえば、1976年に私が設立した株式会社キチンという会社では、ずっとスタッフは女性ばかりだったの。妙な遠慮もなく、ストレートに話ができるというのが、女性同士のいいところ。逆に男性は退いてしまうような開けっぴろげなところがあるかもしれません（笑）。

ヴェネチア・ビエンナーレ「少女都市」

2000年に開催されたヴェネチア・ビエンナーレ第七回国際建築展では、日本館のコンセプトを「少女都市」としました。建築家の磯崎新《あらた》さんが日本のコミッショナーで、私は磯崎さんに声をかけていただいてキュレーション担当としてチームに入り、日本館はどんな都市の問題をテーマにしようかと検討したんです。総合ディレクターから提示されたテーマは「都市」でした。

その頃ちょうど渋谷では、髪を金色やオレンジ色に染めて、肌を黒く見せる「ガングロ」と呼ばれるファッションが女の子たちの間で流行っていました。その姿は一見すると異形なんだけれど、その根底にはものすごく大きなエネルギーが眠っていると感じたんです。私たちは少女の頃から生き方とか、社会、世界という大きなことについていろいろなことを考えたり、女の子同士で話し合ったりするけれど、その感覚が成長とともに薄れてしまうのはなぜなんだろうという思いもどこかにありました。

たとえばガングロのように異形の眼で見られている女の子たちが、これからの都市の力になるんじゃないか。そう考えて「少女都市」というタイトルをキュレーターとして提案し、オランダの写真家に来日してもらい、渋谷の女の子たちのポートレートをたくさん撮影して展示するようにしました。建築空間づくりは頭角を現しはじめた妹島《せじま》和世さんに依頼しました。妹島さんは少女のスピリットを客観的な視点で捉え、空間全体を無垢な白い花と布で包まれた木で表現するという独特で強いインスタレーションを行い、女性の力を発揮した日本館の展示が生まれました。

いま思い返すと、あれも#MeTooだったかもしれない。少女の無垢で無謀でもある力が根源的な人間の力を内包していることを伝えたかったんです。

深く理解してくれるパートナー

前にもお話ししたけれど、学生時代に一度、結婚しました。演劇のグループの先輩で、自然な形で結婚したんだけれど、仕事をするようになって結婚を解消したんです。外で仕事をするなかでさまざまなことを知り、彼と私の価値観のズレが生じてきたともいえます。結婚生活は2年あまりでした。

それからはずっとひとりで、もちろん素敵な男性にもたくさん出会って、恋もたくさんしたけれど。30代が終わる頃に、自分が本当にやりたかったことは何か、もうワンステージ上げられる勉強や環境を探してみようと思ったんです。

いちばんの転機になったのは、京都での源流展の仕事でした。それを手がけたことで、アメリカの教育プログラムのリサーチャーが、ハワイの東西文化研究所に半年招いてくれることになって、そこでいまの夫ケン・フランケルと出会いました。彼はアメリカ西海岸の生まれで、日本の演劇研究に打ち込み、歌舞伎の翻訳・劇場上演を指導するハワイ大学院の教授、フランドン氏のもとで舞台づくりをしていました。

ハワイのポピュラーソングに「Beyond The Reef」という曲があるんだけれど、その中に「貿易風にほだされて」という歌詞があるのね。まさにそういう感じで（笑）。国際結婚というわけだけれど、こちらはそういう言葉を意識していなかったです。

女性の場合、人生のライフステージが仕事に影響することが多いですけれど、私はそういうのがまったくなかったの。親も、私が離婚しようが再婚しようが気にしない人だったしね。仕事のスタンスもまったく変わらなかったから、ある意味でしぶといんでしょうね（笑）。自己中心的なのかもしれない。

私は何でもひとりで考えたり行動したりする性質で、とくに若いときには、何でもひとりでやりたいという気持ちが強かった。

これまでずっと、理解してくれる人との出会いに恵まれていたのかもしれませんね。

夫は私を支えることを一番に考えてくれる人だから。だからこそ、好きなことをやり続けられているのだと思います。

仕事で出会った男性たちもみんな理解のある人ばかりで、ありがたく思っています。勢いのあった時代の西武セゾングループの堤清二さんや増田通二さんは本当に洞察力と包容力がありました。

同時代を共に生きている経営者とクリエイティブ側の人間の呼吸が合ったといえばいいのか、西武セゾン文化が日本の社会に送ったメッセージは、ひとつのエポックを形成したと思います。

ケン・フランケルと。2018年6月28日、21_21 DESIGN SIGHTで開催された「Audio Architecture: 音のアーキテクチャ展」オープニングパーティーで。
撮影:川上典李子

はじまりの種をみつける

気功と身体

ここ10年ほど、気功を続けています。せっかく授かった命なら、うまく伸びるように生きたいなと思うんですよ。私、本当に運動神経がなくて。縄跳びも下手だったし、自転車も乗れないくらいで、よく親に文句を言っていたの。私たち姉妹は勉強ばっかりさせられていたね、と。家でも作文を書いては添削されていたりしていて。そんなふうだから、〝文武両道〟からはほど遠くて、身体を使うことについては何も教えてもらえなかったんです。

だから逆に、身体は自分がコントロールできるようにしなきゃと、だんだん意識するようになっていきました。おそらく20代の頃からでしょうか、身体に興味を持つようになったのは。仕事で、海外のモデルさんや美しい人と会うわけですよ。それでスタイルというものに対して、おのずと気を遣うようになりましたね。

英語で「お腹を引っ込めて、お尻をしめて」という言葉があるんだけれど、そういう姿勢をいつも保てるように心がけてはいるのです。

佐賀町エキジビット・スペースも大学も終わって、少しのんびりできた２００７年、ロンドンであらためてコンテンポラリーアートを勉強しようとしていたときに気功と出合うんです。何か自分とぴったりくるところがあって教室に通い始めました。そのとき70歳を過ぎていましたから、何かを始めるのに遅すぎることなんてない。

かつて歌の勉強をしたときに腹式呼吸を学んだのだけれど、先生のお腹に手を当てて、丹田呼吸がすごいと実感していたので、呼吸についてはずっと気をつけていました。早足で歩くことも大事にしてきました。

気功と出合ったとき、そうか、運動じゃなくてもいいんだとわかった。運動嫌いの私でもできること、身体にはいろんなアプローチがあることを知ったわけです。重要なのは、呼吸とゆるめる意識なんですよ。

私がしている気功はイメージや笑いの力を養うユニークなもので、「源気功」と言いますが、先生がちょっと面白い方で、もともとある日本企業のロンドン代表だった栗原宏樹さん。身体の訓練や武術の専門家で、いまは経済人を辞めて、気功一筋でやっていらっしゃいます。

いま自分がしている呼吸こそが、自分が生きている証《あかし》だということを気功で気づかされました。

理想は週に二回。忙しくて時間がつくれないときでも、週一回は通うようにしています。有酸素運動なので、ゆっくりした動きなんですよ。続けているうちに、何もしないとどこか調子が狂うような気がしてきて、毎日ベッドに入る前に何らかの動きをとるようになりました。

気功って、教えられた動きをちゃんと行っていると、体からビリビリと気が出るの。

それだけ人間の体って、呼吸で成り立っているようです。それを導き出す動きが、気功なんじゃないかと私は思っています。

「源気功」では先生の言葉に誘導されてイメージをしていくのです。目の前が大海原であるとか、立っている自分が宇宙に繋がって、足は大地にしっかりと置かれているとか。宇宙と一体化する、といったイメージをして声に出したり笑ったりして呼吸していくうちに、自分のイメージ力も鍛えられて本当にそのような気分になってしまうのです。山の上でヤッホーと声を出したりするけれど、それを畳の稽古場でイメージして行うのです。

心に与える作用も大きくて、気持ちが明るくなったり、前向きになったりすると思う。それは身体が気持ちいいからでしょうね。究極のリラクゼーションなんじゃないでしょうか。

忙しいと脳のスイッチがオンになっている、誰でも。多分、マラソンをしていても、歩いていてもオンの状態だと思うんだけれど、気功ではそれがオフになる。もちろん、ほかのやり方もあるんでしょうけれど、イメージを持って体を動かすというところが、気功の特性だと思います。

気功に出合う前は、とくにリラックスするようなことは何もしていなかったんです。私の仕事はほとんどがチームワークだから、もしかしたら、いろんな人とのコミュニケーションの中で、ストレスを放出していたのかもしれないですね。

仲間と仕事をしたり、飲んだり食べたりしている中で、心身のバランスが取れるのだとも思います。無印良品は70年代に青山のデザイン仲間とワイワイ話しているときに生まれたアイデアのひとつでした。

展覧会に行ったり、映画を観に行ったりすることも仕事に繋がることだから、オンとオフの切り替えなどあまり考えていませんでした。

直感を信じて動いてみる

これまでいろいろなところを旅してきたけれど、私にとって旅は自分でつくるものなんですね。

ウィーン工房のことをきちんと調べたいなと思っていたとき、たまたま読売新聞社が発行するムックで原稿を依頼されて。原稿料だけじゃ旅費がまかなえないんだけれど、足りない費用を自分で負担してウィーンに行く、いわば自己投資の旅です。こういう取材旅行の場合なら、普通はウィーン工房関連の美術館だけでいろいろ調べたり撮影したりするものなんだけれど、私はもうちょっと深く調べたいと思う。だから自費でできるだけ長逗留して、いろいろ探していく。そういう行為が私の流儀といえます。

このときも現地の写真家に撮影を頼んだのだけれど、その人がヨーロッパの木の家をたくさん撮影している人で、面白そうだからと、撮影旅行についていったりしました。私にとっては、仕事も趣味も友情もすべて一緒といえるかもしれません。

結局、何かをつくり出すチャンスは、自分で摑み取るしかないと思っているんです。もし、「これはいい」と判断する直感が自分にあるとするなら、それは親に感謝です。知の作業だけじゃなくて、感覚も含めての情操教育をしてくれたから。そういう感性は、自分で努力して磨いたという意識はないですから。何をしても、親にあまり否定

父・徳光が撮影した矢川家の五人姉妹。左から一子、長女・仰子《ぎょうこ》、五女・光子、三女・研子《けんこ》、次女・澄子。

をされなかったのがよかったんだと思います。自分が望む方向を伸ばしていっていいのだと、親の様子から感じ取っていた気がします。直接そういう言葉をかけてもらったわけじゃないけれど。

矢川の家は女の子ばかりでしょう。教育者である父に、あるとき男子学生が「先生のおうちは女の子ばかりだから、つまらなくないですか？」と聞いたんですって。父は驚いて「そんなこと全然ないよ」と答えたといっていました。父は、女の子のことを面白いと思っていたんでしょうね。この時代の父親なら普通は、男性社会で力を発揮する男子を育てたいと思うでしょうか。でも父は天の恵みでいいんだ、人間それぞれ別でいい、といった考えを持ち、娘たちにもそれを楽しみなさいと思っていたところがありました。

佐賀町を振り返る展覧会

2020年9月から12月まで、群馬県立近代美術館で「佐賀町エキジビット・スペース 1983-2000 現代美術の定点観測」という展覧会を開催しました。一〇〇点あまりの作品を展示したんですけれど、本当はもっと多くの作家の作品を並べたいと思っていました。でも作品輸送費の問題などがあって、いまできる最大限の展示を行いました。

佐賀町という場は特別な空間だったと思います。展覧会を介してあらためて感じたのは、昭和初期の〝食糧ビル〟のその空間との出合いがあったからこそ、佐賀町の仕事はできたのだなということ。有名建築家の建物ではなく、棟梁や左官屋さんといったクラフツマンの心のこもった仕事でつくられた空間があり、それに対するオマージュとしての展覧会になったような気もしています。

単に新しいものだけがよいのではなくて、古いものを活用するということ。現在ではいくつかのおもしろい試みも実現していますが、新しくギャラリーをつくりたいと思っている方たちにも、ぜひ参考にしていただきたいと思います。もともと持っていた建築物の力を、あの場所では発掘することができたんじゃないかなと思うんです。

空間に力のある建物は、表現者の力を誘います。しっかりしたコンクリートの床には、どんな鉄の彫刻を直置きしても美しいし、アーティストにとっては床もメディアになっていた。1920年代の特徴である自然光の生かせる窓があり、あるいはそれをクローズしてホワイトキューブをつくる。あの場所では作品、作家に応じていろいろなチャレンジができたんです。

展覧会を開催したいと希望するアーティストとの最初のミーティングでよく話した

のは、この空間をどう設計するか、ねじ伏せるかということ。模型をつくって、作品をどう見せたいのか、まずは提案してもらいました。ですから、ひとつひとつの作品に対する批評や助言というよりも、トータルで空間をどう表現していくかということに、力を尽くしていたと思います。

たとえば、今回の展覧会にも出品した岡部昌生《まさお》さんのフロッタージュなどは、まさに空間との出合いによって生まれた作品。建物の床をひたすら鉛筆でうつしとった作品なんですけれど、そこには1927年からの人々の生きた痕跡が残っている。床そのものが、人間存在の証のようなもの。そうしたものをアーティストが捉えたり、対話したりして作品が生まれてくる。あの場所では、そういうことが起こっていたのだなと思います。

それは単にイメージを描いたり、構築したりするのとは異なる表現なんですね。当時のままの作品を並べたことで、今回あらためて佐賀町で生まれた作品すべての繋がりが見えてきたようにも感じています。

群馬県立近代美術館「佐賀町エキジビット・スペース 1983–2000　現代美術の定点観測」展ポスター。デザイン：菊地敦己。
会期：2020年9月12日〜12月13日

もうひとつ思ったことは、オルタナティブな表現の場をつくり、それを持続するということは、現代の美術を表現したいという活動そのものの記録なんだなということ。堤清二さんが西武美術館をつくったときに「時代精神の根拠地」という言葉を使ったんですけれど、佐賀町も現代美術の表現を串刺しにする運動体だったのだなと思いました。

運動体としての美術表現の場があるということを、展覧会を通して知ってもらえたのかなと思っています。

２０００年にギャラリーの幕を閉じてから20年が経ったわけですけれど、活動を振り返るにはそれくらいの時間が必要だったのかなという気がします。

いま、世の中はみんなが立ち止まって過去を振り返る時代になっているとも思います。新型コロナウイルスが突然、世界中を覆い尽くしましたけれど、コロナが出てくる前から、何かおかしいといった空気は生まれていたように思います。

私たちは２０００年から「アーカイブ」という言葉を使って、これまでの佐賀町の仕事をまとめていましたけれど、10年ほど前からは、過去の活動や資料から何かを学ぼうという潮流が社会の中でも生まれてきたように感じます。もはやアーカイブという言葉も日常で使われるようになりましたしね。

そういう意味で、佐賀町を振り返る展覧会は、機が熟しての開催と言えるかもしれません。

ものづくりはかけ算

今回の佐賀町の展覧会のポスターは、ここ最近ではいちばん気に入っている作品なんです。出来上がったときも素晴らしいなと思ったんだけれど、反響もすごくよくて。

ポスターをつくるにあたってはまず、どういう空間でどういうことをしてきたかを私自身が書き出しました。それらを改めて眺めたとき、ああ、やっぱりカタカナ言葉の実現を計ったのだなと思いました。「オルタナティブ」とか「ハイ・アンド・ロウ」とか「サイトスペシフィック」とか「パフォーマンス」とか、この中にはいろいろな思想を反映した言葉があって、全部あの空間で実験してきたんだなと。その言葉たちを、グラフィックデザイナーの菊地敦己さんがデザインしてくださった。カタカナの表現力って素晴らしいなとあらためて思いました。そこに裸の空間を撮影した三好耕三さんの写真が並んで、熱気と静寂を感じます。

このポスターもそうなんですけれど、ものづくりの仕事はかけ算なんです。アートディレクターとクリエイティブディレクターの仕事のかけ算によって、いい仕事が生まれてくる。どんな仕事でも大事なのは、チームワークの中での信頼だと思います。

夢を共有すること

いま進行している仕事のひとつに東京ビエンナーレ構想があります。これはアーティストの中村政人さんが描いた夢を共有する形で、私も市民委員会の共同代表を務めています。

1970年に美術評論家の中原佑介さんが東京でビエンナーレを開催したことがあるんですけれど、それ以来、東京ではビエンナーレやトリエンナーレといった美術展は開催されていないんです。

欧米で始まったビエンナーレ形式は、基本的には国や都市の大きな予算ありきで運営されています。それでコミッショナーが決まって開催されるというのが通例なんだけれど、今回の東京ビエンナーレでは、市民の中から立ち上がる美術展というスタンスを掲げています。アーティストや大学教授、地域のディベロッパー、商店主などが集まる委員会に「市民」の言葉を明記しました。

本当は２０２０年のオリンピックイヤーに合わせ、世界から来日したオーディエンスに見てもらおうと始めたのですけれど、コロナでオリンピックが２０２１年に延期になりましたよね（２０２１年４月現在）。でもオリンピックがあってもなくても、市民でビエンナーレを開催したいという意志は変わらないので、「東京ビエンナーレ２０２０／２０２１」として、継続して企画を進めています。予算ありきではなく、まずは活動ありきで、いくつかのプロジェクトが動き出しています。

東京の街の中で何かが起きる、地域ぐるみの美術の祭典です。２０１９年の暮れ、キャッチフレーズが必要になり、「見なれぬ景色へ」というコピーを書きました。とても不思議なことなんだけれど、まるでコロナ禍のいまを表現したかのようなコピーです。アートで何かアクションを起こすということは、私たちが毎日見ている社会の見え方を変えることなんじゃないかと考えてつけたんですけれど、予言みたいになってしまって、自分でも驚いています。

具体的には、街で楽しめるアートのほかに、人が集まりにくい現状に鑑みて、リモートの展覧会も計画しています。２０２１年春から秋にかけて順次、みなさんに体験していただくことができると思います。

感受性豊かな人であふれる世界に

コロナウイルスの発生によって、いま私たちは想像もしていなかった現実に直面している真っ只中ですから、これからの社会の変化について断定的なことは言えないんですけれど、ひとつ確かなのは、人間の根源的なものについてです。

ローマ神話のバッカスの頃から、人は飲んだり食べたり歌ったりして生きてきまし

東京ビエンナーレ事務局のメンバーと。新型コロナウイルスの影響で2020年の開催が延期となったが2021年夏の実施に向け活動中。
写真提供：東京ビエンナーレ事務局

た。日本の古事記でいえば、アメノウズメのような役割があったり、人々が楽しく生きていく時間を共有することが、人間らしさそのものなんじゃないかなと思うんですね。それを否定されてしまうことが、このウイルスのいちばん怖いところというか。そんな状況の中で、私たちはどれだけヒューマンでいられるか、人間の表現や命の自然な流れをどこまで持続できるかが試されている気がします。だから私はこの状況でも、できるだけ人と会って、食べたり飲んだりしています。そうした時間がないと、生きている感じがしないから。もちろん、それができる空間や条件を整えたうえでのことですけれどね。

この間、テレビを見ていたら、女子学生がコンパという言葉を知らないというの。大学に入学したけれど、授業もなければ友だちもいない、サークル活動もないし、同級生との懇親会もない。それは本当にかわいそうなことだと思うんです。いまいちばん心配なのは、若い人たちの感受性や人間の交流の深まりが生まれる機会を、どうやって大人がつくってあげられるかということ。ハグもできないようなリモートだけの冷たい関係性の中では、フィジカルな感受性は育たないし、歴史の中で何か大きな変化をもたらしてしまうんじゃないかと憂慮しています。

その一方で、くだらない集まりとか、何の仕事をしているのかわからないようなサラリーマン社会の人たちはいなくなればいいなと、密かに期待もしています。

私は感受性があってこその人間性だと思っているんです。ビジネス社会やオフィシャルな世界ではなく、どれくらいヒューマンな社会がつくれるかどうかは、感受性豊かな人間が生きやすい場をつくれるかどうかで決まるんじゃないか。本当に心地よい社会が必要だと思います。

だからこそ、若い人たちには面白い大人にたくさん出会ってほしい。そのためにはまず、大人たちが頑張らなくちゃいけないわね。

私たちは交差点に立っている。縦の道筋は先祖から親へ、そして子孫に続く。横の道筋はいま同時代を生きている、子どもの時から現在までに出会った人たち。横につながる人たちがいて、私がある。横の連りにこそ生の実感がある。

略歴

一九三六年　〇歳　二月六日、教育学者の父・矢川徳光と、母・民子の間に、五人姉妹の四番目として東京に生まれる。作家で翻訳家の矢川澄子（姉）は次女。

一九四三年　七歳　政治家で出版社を営む小池四郎伯父と、洋裁研究所を主宰する元子伯母の養子となる。

一九四四年　八歳　小学三、四年の時に、静岡県田方郡函南村へ疎開。小池四郎が創設した青年訓練所のコロニアル様式の住宅で暮らす。終戦後、父・四郎が死去。しばらく伊豆伊東に居を構えるが、東京へ戻る。

一九四八年　一二歳　クリスチャン・スクールである恵泉女学園中等部に入学。高等学校まで同学園で学ぶ。

一九五四年　一八歳　早稲田大学文学部演劇科に入学。二年時、英文科へ転科するも、在学の五年間は、学生劇団「自由舞台」にほとんどの時間を費やし、演劇に没頭する。

一九五九年　二三歳　大学卒業後、姉・澄子の紹介で堀内誠一の監修するアド・センターに入社。同年創刊の『週刊平凡』（平凡出版、現・マガジンハウス）の連載ページ「ウィークリー・ファッション」にて、はじめて編集、執筆を担当。以降ファッション、デザインを中心に、執筆や編集の仕事が本格化する。久保田宣伝研究所（現・宣伝会議）でコピーライター養成講座に通う。

一九六一年　二五歳　アド・センターを退職し、フリーランスに。高野勇、江島任と「コマート・ハウス」を設立。

一九六二年　二六歳　編集を担当した広報誌『プリンティングインク』の創刊にアートディレクター（以下ＡＤ）として田中一光を迎える。以降、多くの重要な仕事をともにする。三宅一生との出会いもこの年。

一九六五年　二九歳　アメリカ（サンフランシスコ、ロサンゼルス、ニューヨーク）、ヨーロッパ（ロンドン、パリ、ミラノ）へ初めての外遊。

一九六六年　三〇歳　森英恵の顧客向け冊子、タブロイド判『森英恵流行通信』創刊号より編集と執筆を担当。ＡＤ：江島任。ヨーガン・レールを取材し、生涯の交友が始まる。

一九六九年　三三歳　企画、コピーライティングで「池袋パルコ」立ち上げに参加。西武グループの広告活動に様々な提案を行う。訳詞を手がけたミュージカル「ファンタスティックス」公演。

一九七〇年　三四歳　旭化成の研究室に参画。テレビコマーシャルの仕事にも携わる。コム・デ・ギャルソンの川久保玲との出会いもこのとき。

一九七三年　三七歳　冬休みに三宅一生、皆川魔鬼子とロサンゼルスへ。ニューヨーク、メトロポリタン美術館で開催されていた「The Tens,The Twenties,The Thirties:Inventive Clothes/1909-1939」展に出合う。

一九七五年　三九歳　「Inventive Clothes」展を京都で実現、「現代衣服の源流」展と題し、企画、実施に奮闘する。主催：京都国立近代美術館、京都商工会議所、会場：京都国立近代美術館。ＡＤ：田中一光、空間：杉本貴志、マネキン製作：向井良吉。会員制頒布、特装本の編集・制作。同年コマート・ハウスを退職し、米国・ハワイ大学所属機関「東西文化研究所」へ美術館学の研修のため半年間の留学。

一九七六年　四〇歳　在米中、「世界クラフト会議」参加のためメキシコへ。田中一光からのハワイへの電話で、東京デザイナーズ・スペース（ＴＤＳ）に田中ほか数名とともに発起人として参加。ハワイから帰国後、有限会社オフィス小池設立、後に株式会社キチンに改称。西武美術館のアソシエイトキュレーターとなり、七七年開催の「見えることの構造」、七九年開催の「マッキントッシュのデザイン展：現代に問う先駆者の造形　家具・建築・装飾」以降、数多の展覧会に参画。

一九七七年　四一歳　ファッションデザインを最初に美術館で取り上げた「三宅一生。一枚の布」展。会場：西武美術館。

一九七八年　四二歳　田中一光の提案で生まれた三宅一生の本『三宅一生の発想と展開：ISSEY MIYAKE East Meets West』の編集を担当、青山に構えられた編集室に籠る日々。ＡＤ・構成：田中一光、写真：横須賀功光、操上和美ほか（平凡社）。

一九七九年　四三歳　「無印良品」の企画・監修に参画（販売開始：一九八〇年）。

一九八〇年　四四歳　「浪漫衣裳」展（会場：京都国立近代美術館）の図録を編集。翻訳を手がけたジュディ・シカゴ著『花もつ女――ウエストコーストに花開いたフェミニズム・アートの旗手、ジュディ・シカゴ自伝』（パルコ出版）出版。

一九八一年　四五歳　アムステルダムのアートディレクターズクラブ主催「Japan Day」でパネル・トーク。同催事のため、田中一光と『Japanese Coloring 日本の色彩』を出版、翌年リブロポートからも刊行される。ダイアナ・ヴリーランド著『ALLURE　アルール 美しく生きて』（パルコ出版）の監修、翻訳。パルコ・スペース・パート3で開催された「ヴィスコンティとその芸術」展のキュレーション。一九八〇年度ファッション・エディターズ・クラブFEC受賞。

一九八二年　四六歳　演出家の渡辺浩子訳・演出のミュージカル「キャバレー」の訳詞を担当。会場：博品館劇場ほか。

一九八三年　四七歳　佐賀町エキジビット・スペース設立、主宰。「大阪国際デザイン・フェスティバル」にて国際デザイン交流協会のテーマ展示「モダンデザイン」キュレーション。パリ広告美術館の「マグリットと広告」を招致し、佐賀町エキジビット・スペース最初の展覧会「マグリットと広告」開催。

一九八四年　四八歳　田中一光監修「日本のデザイン　伝統と現代」展企画担当。主催：西武流通グループ、日本対外文化協会、ソ連文化省、会場：ソ連邦美術家同盟中央作家会館。同展イメージカタログ『Japan Design 日本の四季とデザイン』ＡＤ・構成：田中一光、監修：吉田光邦（リブロポート）の編集・執筆を担当。

一九八六年　五〇歳　「〝交感スルデザイン〟に集まった5人のデザイナーの活動と小池一子」として毎日デザイン賞を受賞。

一九八七年　五一歳　武蔵野美術大学造形学部空間演出デザイン学科教授に着任。
一九八九年　五三歳　展覧会「フリーダ・カーロ展　愛と生、性と死の身体風景」キュレーションと図録編集。主催：西武美術館、会場：有楽町アート・フォーラム。大津西武ホールで巡回展。
一九九〇年　五四歳　「イヴ・サンローラン展　モードの革新と栄光」キュレーションと図録編集。会場：セゾン美術館。
一九九一年　五五歳　伊東順二と共同キュレーション「トランス・アート'91」。会場：ギンザ・グラフィック・ギャラリー。ピーター・アダム著『アイリーン・グレイ――建築家・デザイナー』（リブロポート）を翻訳、二〇一七年、みすず書房から再版。
一九九二年　五六歳　著書『空間のアウラ』（白水社）。
一九九三年　五七歳　セゾン美術館主催アンゼルム・キーファー展「メランコリア　知の翼」参画、図録に執筆。作品「革命の女たち」を佐賀町エキジビット・スペースで同時開催にて展示。
一九九五年　五九歳　「日本文化デザイン会議　'95群馬」日本文化デザイン賞授賞委員長。
一九九六年　六〇歳　佐賀町エキジビット・スペースの活動が賞され、第三回日本現代藝術振興賞を受賞。主催：財団法人日本文化藝術財団（京都）。
一九九七年　六一歳　大竹伸朗「Printing／Painting」展キュレーション。主催：DNP文化振興財団、会場：現代グラフィックアートセンター。
二〇〇〇年　六四歳　ヴェネチア・ビエンナーレ第七回国際建築展日本館「少女都市」キュレーション（主催：国際交流基金）。佐賀町エキジビット・スペース閉廊。特定非営利活動法人AMP（Art Meeting Point）設立。
二〇〇二年　六六歳　佐賀町エキジビット・スペースのあった食糧ビルディング解体にともない開催された「エモーショナル・サイト展」実行委員。

二〇〇六年　七〇歳　武蔵野美術大学退任、名誉教授に。鹿児島県霧島彫刻ふれあいの森、作品・作家選定委員。

二〇〇八年　七二歳　ロンドンでの研修で日英を行き来する日々（〜〇九年）。

二〇一一年　七五歳　アーツ千代田３３３１内に「佐賀町アーカイブ」設立、「佐賀町アーカイブ COLLECTION plus」と題し、大竹伸朗、内藤礼、野又穫、森村泰昌の展覧会を開催。

二〇一二年　七六歳　「田中一光とデザインの前後左右」展キュレーション。主催：三宅一生デザイン文化財団、会場：21_21 DESIGN SIGHT。同時刊行の同名書籍の企画・編集。

二〇一四年　七八歳　「THE MIRROR Hold the Mirror up to nature いまアートの鏡が真実を映す。」（総合ディレクター：清水敏男）企画、実行委員。会場：銀座四丁目名古屋商工会館。

二〇一五年　七九歳　良品計画発行の書籍『素手時然』編集、執筆。ＡＤ：原研哉（平凡社）。

二〇一六年　八〇歳　十和田市現代美術館館長に就任（〜二〇年）。第六八回全国美術館会議にて理事就任（〜二〇年）。

二〇一七年　八一歳　著書『イッセイさんはどこから来たの？　三宅一生の人と仕事』（HeHe）（二〇一六年刊行『Issey Miyake 三宅一生』［タッシェン］に収録の長編エッセイに加筆）装丁：浅葉克己。

二〇一八年　八二歳　エイボン女性年度賞二〇一七大賞受賞。

二〇一九年　八三歳　第二二回文化庁メディア芸術祭功労賞受賞。

二〇二〇年　八四歳　展覧会「佐賀町エキジビット・スペース １９８３-２０００ 現代美術の定点観測」企画、キュレーション（会場：群馬県立近代美術館）、同カタログの編集、執筆。著書『美術／中間子 小池一子の現場』（平凡社）。編集、執筆した『MUJI IS』（良品計画）刊行。文化庁長官表彰。

二〇二一年　八五歳　「東京ビエンナーレ2020／2021」総合ディレクター、企画展〝Praying for Tokyo「東京に祈る」〟キュレーション。

のこす言葉 KOKORO BOOKLET

小池一子 はじまりの種をみつける

発行日——2021年5月25日 初版第1刷

著者——小池一子
構成——千葉弓子
編集協力——中村水絵（HeHe）
撮影——藤塚光政（カバー、4ページ）
複写撮影——野村和也
発行者——下中美都
発行所——株式会社平凡社
〒101-0051 東京都千代田区神田神保町3-29
電話03-3230-6593［編集］
03-3230-6573［営業］
振替00180-0-29639
印刷・製本——シナノ書籍印刷株式会社
装幀——重実生哉

ISBN978-4-582-74125-4
NDC分類番号674 B6変型判（17.6cm） 総ページ120
平凡社ホームページ https://www.heibonsha.co.jp/